ITALIA VIVA!

ITALIA VIVA!

365 Fotografien von Karl-Dietrich Bühler

Landschaft und Kunst eines faszinierenden Landes

DVA

Abbildung S. 2: Blick auf das Dorf Riomaggiore in der Cinque Terre zwischen Genua und La Spezia.

Für Kristina, Martin und Violette

Impressum

1. Auflage

Gestaltung und Satz: Monika Pitterle/DVA
Gesetzt aus der Stempel Garamond und der Frutiger LT
Lithographie: Helio Repro, München
Druck und Bindung: Printer Trento, Trento
Printed in Italy
ISBN: 978-3-421-03613-1

www.dva.de

Vorwort

Italia, Italien – ein Land, das immer wieder überrascht und uns Deutsche seit jeher fasziniert. Es sind nicht nur die berühmten Städte der Kunst wie Rom, Florenz oder Venedig, die besucht werden; es begeistern auch kleinere Höhepunkte wie zum Beispiel Mantua, Lucca, Ferrara, Modena, Padua, Pavia oder Sabbioneta, die große Schätze der Kunst und Architektur bergen. Wenn man auf der Fahrt von einem Tal ins andere kommt, wechselt die Landschaft, die Szenerie vollkommen, und selbst in kleinen, isolierten Dörfern findet man eine architektonische Qualität, die erstaunen lässt. Oft bin ich auf einigen Staatsstraßen *(strade statali)* gefahren, welche noch heute der römischen Trassierung folgen, wie zum Beispiel die Aurelia, die Cassia und Pontina, oder einfach auf einer Landstraße *(strada provinciale)* zu einem nahezu unbekannten, kaum besuchten mittelalterlichen Dorf in der Höhe, um zu sehen, wie es dort ist. In der Provinz, in kleineren Städten und Orten herrscht noch ein entspannter Rhythmus, plätschert das Leben und die lokale kulinarische Tradition wurde gut bewahrt.

Eine vom Tourismus weniger überflutete lebendige Hafenstadt, in der ich seit 17 Jahren lebe, ist Genua, lange Zeit im Ausland hauptsächlich für den skulpturenreichen Friedhof Staglieno bekannt. Die schon im Mittelalter blühende Stadt am Meer mit guten Handelsverbindungen zur damals bekannten Welt hat ein ausgedehntes, vorwiegend mittelalterliches Zentrum, das sich nach einer langen Periode des Verfalls gerade wieder erholt und restauriert wird. Die Wiedergeburt begann 1992 zum 500. Jubiläum der Entdeckung Amerikas durch den Genuesen Christoph Columbus mit Renzo Pianos Projekt, das der Stadt den alten Hafen *(porto antico)* wiedergegeben hat. Das vorher für die Öffentlichkeit gesperrte Gelände wurde in eine beliebte Promenade am Meer umgewandelt, mit Bänken zum Ausruhen unter Dattelpalmen aus Ägypten und mit Attraktionen wie zum Beispiel dem großen Aquarium. Allein die elegante Via Garibaldi, im 16. Jahrhundert die »Neue Straße« genannt, flankieren 13 Paläste aus der Renaissance, die 2006 zusammen mit weiteren 29 genuesischen Palästen aus dem 16. und 17. Jahrhundert von der UNESCO zum Weltkulturerbe erkoren wurden. Außerhalb des historischen Zentrums gibt es Viertel mit Gebäuden aus verschiedenen Stilepochen, eine ausgewogene Mischung aus Alt und Modern. Es faszinieren auch die enormen Höhenunterschiede dieser lang gestreckten Stadt, die sich bis auf die Hügel ausweitet, und noch höher locken die kahlen Berge mit den alten Forts auf den Spitzen. Nur eine halbe Stunde, erst mit dem Auto, dann zu Fuß, und schon ist man 500 Meter über dem Meer, in einer anderen, stillen Welt, allein mit den Wolken und dem Wind.

Von Genua aus ist man nach etwa einer Autostunde in den Bergen des ligurischen Apennins, auf 1500 Meter Höhe mit herrlichen Buchenwäldern zum Erkunden und Wandern, oder man fährt über den Turchinopass ins piemontesische Weinbaugebiet von Ovada mit seinen Hügeln, die malerische Burgen krönen, und dem berühmten Dolcetto di Ovada – einem Rotwein, den man unbedingt probieren muss. Bei meinen ligurischen Ausflügen westlich und östlich von Genua fotografierte ich vor allem die pittoresken Dörfer der klippenreichen Küste, die Wellen am Abend im Zauber des Gegenlichts oder die Brandung an einem stürmischen Tag im November.

Unsere Reise führt auch ins reizvolle Gebiet des Podeltas mit seinem Zentrum Comacchio und der Benediktinerabtei Pomposa, in die Toskana mit ihren Marmorsteinbrüchen oberhalb von Carrara und Massa und weiter zur beschaulichen, kleinen Stadt Lucca, umringt von Stadtmauern aus dem 16. Jahrhundert. Dann gelangen wir in die hügelige Gegend von Siena und schließlich an die Küste mit dem Naturpark der Maremma südlich von Grosseto. Im urwüchsigen Umbrien besuchen wir das Tal Valnerina mit in den Fels gebauten romanischen Kirchen und Eremitagen. Weiter geht es zur »idealen Stadt« des Architekten Tomaso Buzzi, ein metaphysischer Ort auf dem Gelände des ehemaligen Franziskanerklosters La Scarzuola in Montegiove. Weiter südlich kommen wir in die Region Latium zur Villa Lante in der Nähe von Viterbo, die mit ihrem stilisierten Bergbach und der vollkommenen Symmetrie als Musterbeispiel eines italienischen Renaissancegartens gilt, und schließlich – nochmals etwa 1500 Jahre in der Zeit zurück – zum riesigen architektonischen Komplex der römischen Hadriansvilla in Tivoli. Auch die Inseln Ischia, Procida, Sardinien und Sizilien werden besucht, ferner auch Elba, wo die Architektin Marta Lonzi ihr Haus behutsam in die felsige Natur integrierte und spartanisch einrichtete. Auf Sardinien – während einer sonnigen Woche Ende Oktober 2006 – begab ich mich auf Erkundungsfahrten in den Norden und in den zentralen, östlichen Teil der mehr als 300 Kilometer langen Insel. Dort beeindrucken vor allem die skulpturalen Felsen, die zahlreichen vorgeschichtlichen Nuraghen (kegelförmige Steinbauten mit Grab- und Wohnkammern), der tiefblaue Lago del Coghinas und eine archaisch anmutende Lichtung an der Passstraße S 125 zwischen Dorgali und Baunei mit einer malerischen Gruppe alter Erdbeerbäume, weidenden Schafen und sogar Schweinen.

Unsere 365-Tages-Reise führt uns kreuz und quer durch Italien, doch nicht in alle Regionen des Landes, in dem die Zitronen blühen. Meine Impressionen bilden einen Rhythmus von Bildern durch das Jahr – mit stillen Pausen auch für die Beschaulichkeit, eine Hommage an ein kulturträchtiges, faszinierendes Land.

Karl-Dietrich Bühler, Genua im Juni 2007

1. Januar

Rom, Piazza Venezia: Anlässlich einer internationalen Ausstellung zum 50-jährigen Bestehen des Vereinigten Königreichs Italien im Jahr 1911 wurde das kolossale Monument Vittoriano eingeweiht. Es wurde von Giuseppe Sacconi aus weißem Kalkstein erbaut (1885) und ist – wie der Name verdeutlicht – König Vittorio Emanuele II. gewidmet.

2. Januar

La Fontana di Trevi: Der größte und spektakulärste Brunnen Roms wurde nach einem Entwurf von Nicolò Salvi im spätbarocken Stil (1732–1762) erbaut. Weltberühmt ist die nächtliche Badeszene mit Anita Ekberg und Marcello Mastroianni in Federico Fellinis Film La Dolce Vita *(1960).*

3. Januar

Genua, Corso Italia. Eingangsportal der Villa Canale, die 1924 nach dem Entwurf des Architekten Gino Coppedè (1866–1927) erbaut wurde. Die Villa – auf einem kleinen Hügel am Corso Italia mit Blick aufs Meer – ist heute Sitz der Stiftung Gerolamo Gaslini des renommierten Kinderkrankenhauses Gaslini.

4. Januar

Detail der farbenprächtigen Dekoration am Eingangsportal zur Villa Canale in Genua.

5. Januar

Gebirgslandschaft in den Lombardischen Alpen.

6. Januar

Schönes weißes Muster:
Schnee auf einem Wiesenhang
in den Lombardischen Alpen.

7. Januar

Die großzügige Terrasse des Interior-Designers Ettore Veruggio in Genua schirmt ein eleganter, eiserner Gazebo mit verschiedenen Kletterpflanzen ab.

8. Januar

Blick in Ettore Veruggios gemütliches Wohnzimmer mit einer sehenswerten Gemäldesammlung ligurischer Künstler.

9. Januar

Il Tettuccio – *so heißt das eindrucksvollste architektonische Ensemble im Thermalbad von Montecatini Terme, das, entworfen von Ugo Giovanozzi, Ende der 1920er Jahre seine heutige Gestalt erhielt: eine Piazza aus erlesenem Marmor mit geschwungenem Wasserbecken, Brunnen und faszinierenden Durchblicken inmitten von Säulen aus hellem Travertin.*

10. Januar

Auch die Bar im Tettuccio
ist reich verziert.

11. Januar

In den Apuanischen Alpen oberhalb von Carrara und Massa: Von den Marmorsteinbrüchen führen serpentinenartige Wege für den Transport ins Tal.

12. Januar

Verlassener Marmorsteinbruch
im Nebel oberhalb der Stadt Massa.

13. Januar

Kontrastreich: am Boden durcheinanderliegendes, nicht mehr verwendbares Gestein, hinter dem sich präzis geschlagene Steinwände erheben, aus denen die Marmorblöcke herausgearbeitet werden.

14. Januar

Blick in das Laboratorio Artistico Nicoli. *Die Werkstatt in Carrara wurde 1863 gegründet. Im Hintergrund eine Galerie mit Gipsformen, davor zieht die abstrakte Skulptur aus weißem Marmor von Bartolomeo Gatto alle Blicke auf sich.*

15. Januar

Bar in der kleinen Stadt Pontremoli, Lunigiana, mit schöner Wandvertäfelung und Leuchten aus der Zeit des Jugendstils. Die Lunigiana, ein Tal zwischen Ligurien und der Toskana, ist noch wenig bekannt.

16. Januar

Da hängen sie: verlockende Schinken und Salami in der Macelleria Anzuini & Masi, Via dei Neri, unweit der Piazza della Signoria in Florenz. Die traditionelle Marmortheke ist wesentlich höher als heutige Ausführungen.

17. Januar

Seltener Schnee, strahlendes Gelb der Mimosenblüten und blauer Himmel über Genua.

18. Januar

Leuchtendes Gelb draußen und drinnen: Mimosen in und vor einem genuesischen Haus werden von einer schwarzen Katze am Fenster bewacht.

19. Januar

Il Cortile delle Cannoniere – *der Innenhof der Geschützpforten von Castello Malaspina, erbaut zwischen 882 und 1400 in Massa, in der Provinz Toskana. Im Hintergrund sieht man die Pforte zum Wohntrakt. Gelegen auf einem felsigen Hügel thront die Burg über der Stadt und dominiert die Ebene bis zum Meer hin.*

20. Januar

Manarola, eines der fünf Dörfer in der Cinque Terre, einem kargen ligurischen Küstenabschnitt, der aufgrund seiner steilen Terrassen zum Weltkulturerbe der UNESCO gehört.

21. Januar

Almhütte für Hirten im Sommer in den Höhen des Tales Varaita oberhalb des Dorfs Chianale, Provinz Cuneo, Westalpen.

22. Januar

Die kleine romanische Kirche San Lorenzo und ein vereister Brunnen im 1800 Meter hohen Chianale im Tal Varaita, Provinz Cuneo.

23. Januar

Schlanke Skulpturen aus Mahagoni – das ist die Sammlung des Bildhauers Giorgio Bafico in Genua. Die Werke im Vordergrund aus den 1990er Jahren sind teilweise auch aus Metall und Plexiglas gearbeitet. Die dunklen, schwarzbemalten, afrikanisch anmutenden Kreationen an der Wand stammen aus den 1980er Jahren.

24. Januar

Echte Handarbeit! Italienische Schuhe brauchen Zeit und Geduld.

25. Januar

Zu Besuch im Giardino Esotico Pallanca, Bordighera. Über dem blauen Horizont erhebt sich auf einem Stamm der kugelige Blattschopf einer Palmlilie (Yucca rostrata), *eine in Texas und in der Wüste von Chihuahua heimische Art. Im Vordergrund links die schlanken, zylindrischen Formen einer Hybride* (Cleistocactus *x* Oreocereus), *die 1950 in der Gärtnerei Pallanca gezogen wurde und deren Eltern zwei in den Anden des nördlichen Argentinien (Provinz Jujuy) heimische Gattungen sind, die im trockenen Klima bis zu 15 Minusgrade vertragen.*

26. Januar

Im Garten Pallanca: kugelige Kaktusformen und Blüten von Gymnocalycium saglionis, *die ihren Ursprung in der Provinz Catamarca im Nordwesten Argentiniens hat.*

27. Januar

Pinien spiegeln sich in einem kleinen Fluss im Naturpark Parco Naturale della Maremma, Provinz Grosseto, im Süden der Toskana.

28. Januar

Mit 22 000 Zuschauerplätzen ist die Arena von Verona (Mitte des 1. Jahrhunderts n. Chr. erbaut) das drittgrößte Amphitheater Italiens – nach dem römischen Kolosseum und der Arena in Capua. Sehr beliebt sind die Opernaufführungen in den Sommermonaten.

29. Januar

Winterliche Stimmung in einem Weinberg im Piemont.

30. Januar

Voltaggio, ein mittelalterliches Städtchen im Piemont.

31. Januar

Blick in das Atelier der florentinischen Bildhauerin Artemisia Viscoli. Die geschwungene Skulptur aus Eichenholz hat eine Höhe von 1,55 Metern und ist heute im Museum für zeitgenössische Kunst in Cento, Region Emilia, zu sehen. Die schwarze Granitskulptur trägt das Monogramm R.G.

1. Februar

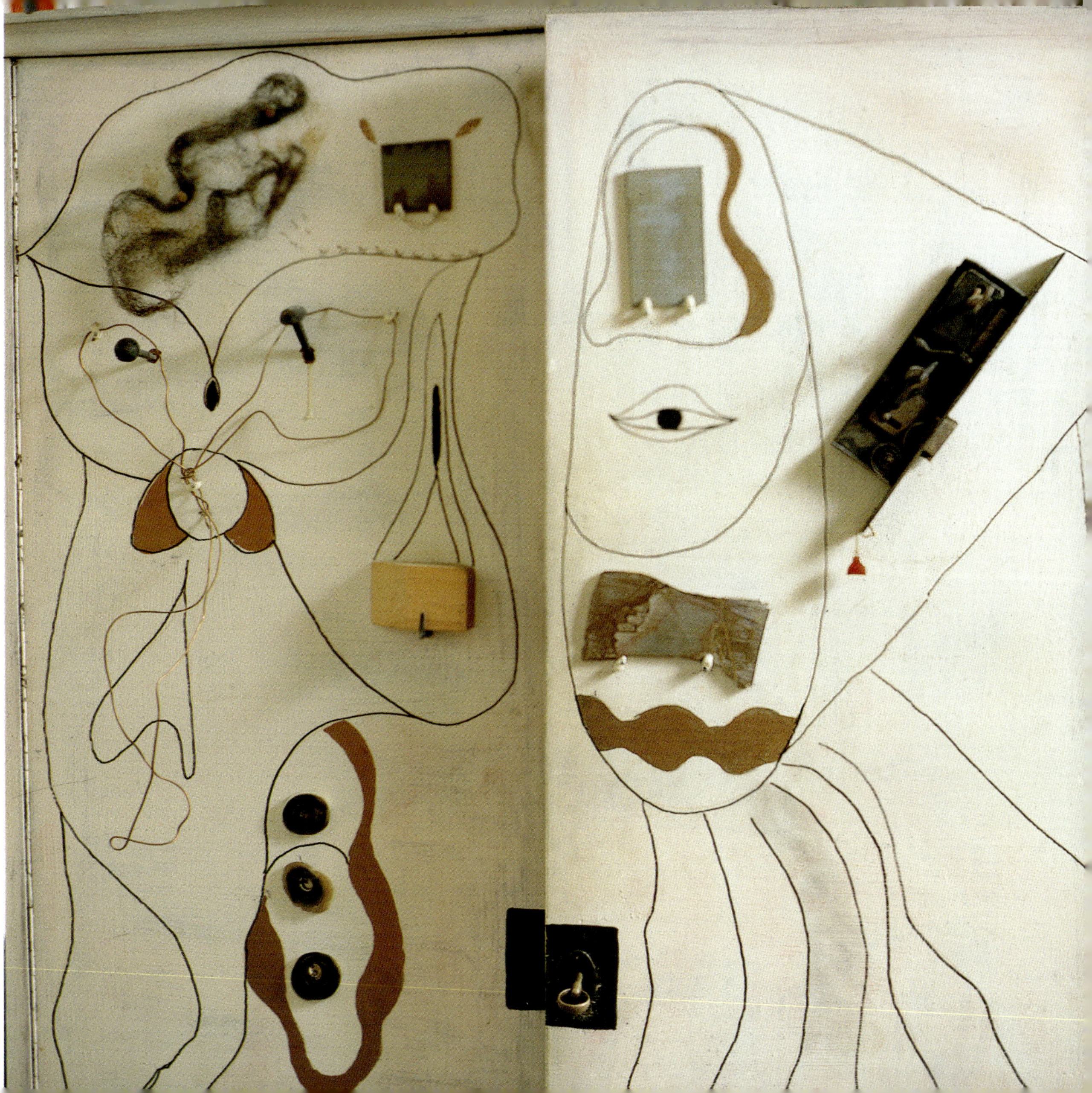

Incomprensione *(Unverständnis)* – *ein mit Fantasie und Witz verwandelter Schrank im Florentiner Atelier der Bildhauerin Artemisia Viscoli. Die linke Türe ist mit weiblichen Formen und Attributen dekoriert, die rechte mit männlichen.*

2. Februar

Wind, Wellen und Treibholz am Strand von Albarese Marina, Grosseto, vor den Bergen Monti dell'Uccellina.

3. Februar

Wie große hölzerne Skulpturen: Treibholz am Strand von Albarese Marina in der Nähe des Naturparks Parco Naturale della Maremma.

4. Februar

Genua im Februar 2006. Schnee fällt in Genua nur etwa alle zehn Jahre.

5. Februar

Blick nach unten: Genua im weißen Kleid unweit der Piazza Manin.

6. Februar

Lateinische Inschrift aus dem 12. Jahrhundert an der Porta dei Vacca, Genua.

7. Februar

Massiv und mit Zinnen versehen ist die Porta dei Vacca, das westliche Stadttor des mittelalterlichen Genua.

8. Februar

Licht- und Schattenspiel eines großen Fensters im leeren, restaurierten Raum des piano nobile *im zweiten Stock des Palazzo Fieschi aus dem 16. Jahrhundert. Seit Mitte des 19. Jahrhunderts ist der Palazzo im Besitz der adligen Genueser Familie Crosa di Vergagni. Das Licht fällt auf einen Kamin aus Marmor, der mit Kacheln aus dem späten 16. Jahrhundert verkleidet ist.*

9. Februar

Arrangement in einer genuesischen Wohnung mit Frauenhaarfarn, weißen Blüten von Azaleen, Calla und Flieder – und an der Wand »lächelt« eine venezianische Maske.

10. Februar

Struktur und Farbe: Bäume und Büsche im Schnee, Piemont.

11. Februar

Malerisch, mit zwölf ungleichen Bögen, schwingt sich die mittelalterliche Brücke Ponte Vecchio in Bobbio über den Fluss Trebbia, Emilia-Romagna.

12. Februar

Zweistöckige Arkadenreihen aus der Zeit Maria Theresias (2. Hälfte 18. Jahrhundert) bilden den zentralen Innenhof der berühmten, 1361 gegründeten Universität von Pavia. Das helle Gelb des Verputzes wirkt auch im Winter freundlich.

13. Februar

Pavia. Die Basilika von San Michele aus dem 12. Jahrhundert ist ein Meisterwerk des romanisch-lombardischen Stils. Die drei gestuften Portale aus Sandstein sind mannigfaltig mit menschlichen und animalischen Gestalten verziert.

14. Februar

Die Baia del Silenzio *– Bucht der Stille – von Sestri Levante an der östlichen Riviera lädt zum Verweilen ein.*

15. Februar

Ein typisches Bild an der östlichen Küste Liguriens: das Meer, kleine Boote und hohe alte Häuser mit schmalen Balkons und engen Gassen.

16. Februar

Das Kräutergärtchen vor dem Eingang zum Atelier der Bildhauerin Artemisia Viscoli im Innenhof des ehemaligen Klosters Chiostro del Conventino in Florenz.

17. Februar

Die geheimnisvolle, poetische Welt der Artemisia Viscoli in ihrem Florentiner Atelier.

18. Februar

Aus Bronze: Benvenuto Cellinis Perseus *mit dem Haupt der Medusa – ein schrecklich-schönes Meisterwerk der Renaissance (1554) auf der Piazza della Signoria in Florenz.*

19. Februar

Detail mit Perseus' Füßen auf der enthaupteten Medusa.

20. Februar

Santa Croce, Florenz. Die Marmorfassade aus dem 19. Jahrhundert besticht durch ihre Symmetrie und Klarheit. In der Franziskanerkirche, die in den Jahren 1295 bis 1385 im gotisch-florentinischen Stil erbaut wurde, befinden sich die Grabmäler von Dante Alighieri, Niccolò Machiavelli, Michelangelo, Galileo Galilei und Gioacchino Rossini.

21. Februar

San Michele in Foro, Lucca. Über die schöne, kleine Stadt in der Toskana wacht der gewaltige Erzengel Michael auf dem Giebel der reich verzierten Marmorfassade mit ihren vorgeblendeten feingliedrigen Säulengängen aus dem 14. Jahrhundert.

22. Februar

La Scarzuola bei Montegiove in Umbrien: L'Uomo Vitruviano. *Der kleine, mit Säulen eingefasste Innenhof ist dem römischen Architekten und Ingenieur Vitruv gewidmet. Von ihm stammt das um 33 bis 25 v. Chr. verfasste, aus zehn Büchern bestehende Werk* De architectura libri decem, *das die Baukunst der Antike behandelt.*

23. Februar

Spiel der Farben: immergrüner Efeu und leuchtend-bunte Blätter des Kakipflaumenbaumes im Garten von La Scarzuola, Montegiove, Umbrien.

24. Februar

Abendsonne über Varigotti, einem Fischerdorf an der ligurischen Küste westlich von Savona. Einige Häuser im historischen Zentrum bezeugen noch heute mit ihrem maurisch-arabischen Stil die Ankunft der Sarazenen zu Beginn des 10. Jahrhunderts.

25. Februar

Östliches Ligurien.
Welle im Zauber des Gegenlichts.

26. Februar

In der Abendsonne leuchten die großen Schiffe, der Porto Antico mit seinen Yachten und das dicht bebaute Zentrum von Genua mit seinen Kirchen und Gebäuden aus unterschiedlichen Epochen – eine beeindruckende Mischung aus Alt und Modern.

27. Februar

Der nur mit einer Sondergenehmigung zugängliche Hafen von Genua: eine faszinierende Welt der Waren und Güter. Beeindruckend die Dimensionen der Maschinen – wie hier die Konstruktion mit dem riesigen Trichter zum Entladen von losem Material.

28. Februar

Das Goldene Zimmer der Villa Tasca in Palermo mit einem in sizilianischer Tradition verzierten Majolikaboden. Beim Blick durch die halb geöffneten Vorhänge am Fenster kann man die Schönheit des Gartens erahnen. Erbaut im 16. Jahrhundert war die Villa ursprünglich Landsitz der Fürsten von Bologna; im Jahre 1882 verweilte Richard Wagner hier zu Besuch und beendete seine Arbeit am Parsifal.

29. Februar

In der zweiten Hälfte des 18. Jahrhunderts gestaltete der Architekt Andrea Giganti (1731–1787) die Villa für die neuen Besitzer, die Grafen Lanza di Trabia, um. Deren 15-jährige Tochter Beatrice erhielt anlässlich ihrer Vermählung mit dem Grafen Tasca d'Almerita die Villa als Hochzeitsgeschenk. Die Wände und Decken des Salons der Villa Tasca sind mit Fresken aus dem 18. Jahrhundert ausgestattet, die klassische Landschafts- und Ruinenmotive darstellen. Heute kann die Villa als exklusives Feriendomizil angemietet werden.

1. März

Dasylirion *(Rauhschopf) und Agave in den exotischen Gärten der Villa Hanbury in der Nähe von Ventimiglia. Durch ihre reiche Sammlung an Palmen und Sukkulenten aus aller Welt sind die Gärten der Villa Hanbury einzigartig.*

2. März

Blick auf die Villa Hanbury mit ihrem reichen Baumbestand auf dem Kap Mortola, einem sonnigen Hang am Ligurischen Meer nahe der Französischen Riviera.

3. März

Casale di Montechiarone, ein Landhaus in der Nähe von Siena. Als ein typisches Merkmal sienesischer Architektur ist die Fassade mit drei Arkadenbögen (Trifora) geschmückt, die von Säulen aus Travertin getragen werden. Große Ländereien wie das Gut von Montechiarone haben in der Regel ein Haupthaus (Villa principale) und mehrere kleinere, auf dem Besitz verstreute ländliche Gebäude. Die Casale di Montechiarone kann als Ferienhaus angemietet werden.

4. März

Riesige Terrakottatöpfe aus dem 19. Jahrhundert mit Zitronenbäumchen voller Früchte im Winterquartier. Die Orangerie (ital. limonaia) *des Gutes Montechiarone (im Besitz der adligen Familie Griccioli) stammt vom Ende des 18. Jahrhunderts und ist mit einer Länge von 50 Metern die größte von Siena. Im Herbst werden die großen Vasen mit viel Mühe von draußen in die Orangerie gebracht, um die Pflanzen dort vor Frost zu schützen. Im Frühling kommen die Zitronenbäumchen – auf einem steinernen Untersatz aus* pietra serena *– dann erneut in den Garten.*

5. März

Sonnenlicht flutet in den zentralen Lesesaal der neuen, öffentlich zugänglichen Bibliothek in der kürzlich restaurierten Villa Imperiale in Genua, die nun wieder im Glanze ihrer einstigen Schönheit zu sehen ist. Ausgestattet ist die Decke mit Fresken von Luca Cambiaso (1527–1585), einem berühmten genuesischen Maler aus der Zeit des Manierismus. Sie fiel teilweise herunter, als die für lange Zeit verlassene Villa verwahrloste.

6. März

Die Fresken des genuesischen Meisters stellen Szenen aus der von Livius überlieferten Sage vom Raub der Sabinerinnen *dar. Als Fresko bezeichnet man eine Form der Wandmalerei, bei der die Farben auf den noch frischen, feuchten Putz aufgetragen werden* (al fresco), *mit dem sie sich dann unlöslich verbinden.*

7. März

Der neuere Teil des Friedhofs von San Cataldo in Modena (1978–1984) ist ein Meisterwerk des italienischen Architekten Aldo Rossi (1931–1997) – ein Vertreter des postmodernen Stils. Rossi ließ sich von klassischen Formen und purer Geometrie inspirieren.

8. März

Das Gebäude des Verlags Mondadori in Segrate vor den Toren Mailands wurde vom brasilianischen Architekten Oscar Niemeyer entworfen. Es wirkt wie eine moderne, weltliche Kathedrale und spiegelt sich in einem kleinen See, der vom Florentiner Landschaftsarchitekten Pietro Porcinai (1910–1986) geplant wurde. Die glänzende Skulptur ist ein Werk von Arnoldo Pomodoro, dem wohl berühmtesten italienischen Bildhauer der Gegenwart.

9. März

Besuch des Olivenbaum-Museums Museo dell'Olivo der 1911 gegründeten Firma Fratelli Carli in Imperia. Im Garten des Museums kann man eine Ölmühle aus dem 17. Jahrhundert mit mächtigem Gebälk (pressa pluviana) *und einer Wasserturbine bestaunen. Das Museum befindet sich auf dem Werksgelände in einer Liberty-Villa aus den 1920er Jahren. Der Eintritt ist frei.*

10. März

Ölmühle aus dem 19. Jahrhundert im Museo dell'Olivo in Imperia. Während der Erntezeit (etwa von Dezember bis März) kann auch die hochmoderne Ölmühle der Firma Fratelli Carli betriebsbereit besichtigt werden, in der das native Olivenöl der westlichen Italienischen Riviera gewonnen wird.

11. März

Im Museo dell'Olivo, Imperia. Vorne eine Waage zum Wiegen der mit Olivenöl gefüllten Behälter. Rechts Keramikfilter, an der Wand klassische Tonkrüge, die jahrtausendelang zur Aufbewahrung des kostbaren Öls dienten.

12. März

Bootsförmige französische Menagen aus Silber (950/00) für Öl und Essig, Ende des 18. Jahrhunderts, im Museo dell'Olivo, Imperia. Zwei der Kostbarkeiten mit der Punze Vereinigung der Goldschmiede von Paris *bilden ein Ensemble für eine prächtige Tafel.*

13. März

Felsen wie Skulpturen in der Abendsonne oberhalb von Baunei, östliches Sardinien.

14. März

Blick von einer sonnigen Geröllhalde oberhalb des Städtchens Baunei in die Blauen Berge im Osten von Sardinien.

15. März

Ein hellblau-violettes Blütenkleid des Rosmarins in Maricle Langoscos Garten in der Nähe von Genua. Es wallt herab von einer sonnenwarmen Natursteinmauer.

16. März

Frühlingsstimmung in Maricles ligurischem Garten: gelbe Tupfer des Löwenzahns, eine von Kletterrosen und Glyzinen überwucherte Pergola sowie üppige Obstbäume in weißer Blütenpracht.

17. März

Bogliasco: Kleiner, behaglicher Innenhof der Architekten Claudio Andreani (1914–2005) und Marcella Colombo mit Blick auf das Ligurische Meer und die mediterranen Kiefern Pinus halepensis. *Die halbrunde, gläserne Tischplatte auf Metallfüßen im Vorder-grund wurde von den Eigentümern entworfen, der Boden aus schwarzen und weißen keramischen Fliesen in der Form von Windrädchen von dem italienischen Architekten Marco Zanuso.*

18. März

Die gleichen keramischen Fliesen, gestern zu sehen in der Form von Windrädchen, heute als gleichmäßige Wellen im Atrium der Villa Andreani in Bogliasco bei Genua. Durch die großen verglasten Fenster kommunizieren Innenhof und Wohnbereich miteinander. Verglast sind ebenfalls die Öffnungen der Mauern zum Garten hin, die – neben mehr Licht – auch interessante Durchblicke zum Garten bieten.

19. März

Verlockend angerichtet ist die Tafel in der Küche des ehemaligen Klosters in der Nähe von Sovicille, Siena. Es ist der Ort, an dem sich der Karikaturist der Tageszeitung Corriere della Sera, *Emilio Giannelli, mit seiner Frau Laura und Freunden bei gutem Wein und hausgebackenem Brot trifft.*

20. März

Wieder bei Emilio und Laura Giannelli. An die raue Blocksteinmauer am Eingang schmiegt sich ein elegantes Wandtischlein, das mit einer kleinen Sammlung von gläsernen Kerzenhaltern und weißen Alpenveilchen dekoriert ist.

21. März

Barocke Sichtachsen und Formen in den Gärten der Villa La Landriana südlich von Rom mit in Kugelform geschnittenen Bitterorangen und Buchsbaum, nach dem Entwurf des englischen Gartendesigners Russell Page, der den Garten von La Landriana Ende der 1960er Jahre in 20 »Räume« gliederte.

22. März

Die Randzone des Orangengärtchens der Villa La Landriana ist weniger formal gestaltet und wirkt wie ein grüner Dschungel, in dem das Orange der Früchte hervorleuchtet. Die für das Publikum von April bis Oktober zugänglichen, sehr sehenswerten Gärten liegen bei Anzio in der Nähe von Latina.

23. März

Neun Hektar weißer Beton mit unterteilenden Furchen bedecken das am 15. Januar 1968 von einem Erdbeben zerstörte sizilianische Dorf Gibellina: Il Grande Cretto – *Land-art von Alberto Burri (1915–1995). Wie ein riesiges Leichentuch verhüllt der Beton des berühmten Künstlers die Ruinen der Häuser und viele unter der Erde verbliebene Menschen.*

24. März

Il Grande Cretto *von Alberto Burri ist ein gigantisches Kunstwerk, das an die Erdbebenkatastrophe von 1968 erinnert, durch die Gibellina zerstört und weitere vier Dörfer im Valle del Belice schwer beschädigt wurden. Die klaffenden Spalten sind begehbare Gänge, die teilweise mit der ehemaligen Trassierung verbunden sind. Sie können auch als Symbol des in den heißen Sommermonaten ausgetrockneten, rissigen Bodens verstanden werden.*

25. März

Pisa: Schiefer Turm und Dom im dramatischen Abendlicht. Die Piazza del Duomo wird auch Campo dei Miracoli (Platz der Wunder) genannt. Der Dom und der schlanke, zylindrische Glockenturm wurden im 11. bis 13. Jahrhundert im romanisch-pisanischen Stil erbaut. Die Neigung des Turmes ausnützend machte Galileo Galilei vom Schiefen Turm seine berühmten Untersuchungen zur Fallbewegung. Die Schiefstellung des Turms ist durch eine Senkung des Sandbodens verursacht.

26. März

Pisa am Arno mit Häusern in hellem Pastell, deren Silhouette wie im Mittelalter nur Türme und Kirchen überragen.

27. März

Hadriansvilla, Tivoli, am Ufer des Flusses Aniene, der in den Tiber mündet. In den Jahren 118–134 n. Chr. ließ Kaiser Hadrian – auf einem quellenreichen Terrain – die Villa als Sommerresidenz und Altersruhesitz ausbauen. Die faszinierenden Ruinen sind auf einer heute zugänglichen, etwa 40 Hektar umfassenden Fläche verstreut.

28. März

Ruine mit Durchblicken zum blauen Himmel. Die Hadriansvilla, deren Anlage Vorbild für zahlreiche barocke Gärten wurde, umfasst mehrere Gebäude und Gärten, Kanäle, Brunnen und Becken. Noch heute lassen die Ruinen die einstige Schönheit des antiken Roms erahnen.

29. März

Die Restaurierung des ehemaligen klösterlichen Annexes der romanischen Kirche San Michele in Trecciano, nahe Sovicille, Siena, heute Wohnhaus der Familie Giannelli, dauerte zwei Jahre. Der ursprüngliche Charakter des Gebäudes mit Kalkverputz – davor eine Treppe und ein Backsteinbogen – wurde gut bewahrt.

30. März

Den ehemaligen Stall hat der von der Familie Giannelli mit der Restaurierung beauftragte sienesische Architekt Augusto Mazzini in ein Wohnzimmer verwandelt. Es ist in verschiedene Kommunikationsbereiche unterteilt. Der große Bogen rechts blieb unverändert und erhielt ein vertikales Element: eine rechteckige, verschließbare Glastüre, um direkt ins Freie gehen zu können.

31. März

Wer durch das historische Zentrum von Genua mit seinen engen, dunklen Gassen spaziert, erwartet kaum, dass die oberen Wohnungen der Häuser zu manchen Stunden so hell sein können. Hier kann man beim Billard eine Fantasielandschaft genießen – ein Fresko nach einem Bild aus der ersten Hälfte des 16. Jahrhunderts des ferraresischen Malers Dosso Dossi (ca. 1480–1542).

1. April

An der Wand eines anderen Zimmers dieser Wohnung in Genua täuscht ein Trompe-l'Œil die Brüstung einer Terrasse mit Aussicht auf eine hügelige Landschaft vor. Auf der Brüstung sind auch zwei Pulcinella-Figuren (schlaue, zugleich tölpelhafte Diener bäuerlicher Herkunft aus der Commedia dell'Arte*) beim Possenspiel zu sehen – nach einem Fresko von Giandomenico Tiepolo (1724–1804), dem Sohn des berühmten venezianischen Malers Giovanni Battista Tiepolo (1696–1770).*

2. April

Pittoreske Landschaft in der Nähe von Siena mit den in der Toskana typischen Reihen von Zypressen, welche die Hügel krönen.

3. April

Abenddämmerung über der zerfurchten, hügeligen Landschaft im Südosten von Siena – Crete genannt – mit ihrem schweren, staunassen Tonboden.

4. April

Sori – eine kleine Ortschaft östlich von Genua direkt am Meer mit ihren alten Häusern und Kirchen.

5. April

Bogliasco an der Riviera di Levante im Osten von Genua: Die bunt verputzten, ineinander verschachtelten Häuser werden nur vom Kirchturm überragt.

6. April

Schafe auf einer Weide vor Bussana Nuova. 1887 wurde das oberhalb von San Remo gelegene alte Dorf Bussana Vecchia durch ein Erdbeben zerstört und zwei Jahre später talabwärts das neue Bussana (Bussana Nuova) gegründet. Seit den 1960er Jahren leben hier Maler, Bildhauer, Musiker und Schauspieler aus aller Welt.

7. April

Zeuge des verheerenden Erdbebens von 1887: die Ruine der Kirche San Egidio (erbaut 1404) des bereits 1050 auf einem felsigen Hügel gegründeten, mittlerweile verlassenen Dorfes Bussana Vecchia.

8. April

Der Turm aus weißem Gestein (pietra bianca albarese) – *vermutlich aus dem 13. oder 14. Jahrhundert und einem von Zinnen bekrönenden oberen Teil vom Anfang des 20. Jahrhunderts – ist von Zypressen und Olivenbäumen umgeben. Er steht in der Gegend zwischen Pontassieve und Fiesole, in der Nähe von Florenz. Er war lange Zeit verlassen, wird aber seit ein paar Jahren bewohnt.*

9. April

Im Innern des Turmes ließ die Architektin Mariachiara Pozzana, die hier mit ihrem Mann, dem Grafiker Giovanni Breschi wohnt, den Aufgang zu den Stockwerken erweitern. So kann man beim Blick nach oben den Turm in seinem Volumen wahrnehmen. Die Treppe ist unten aus Stein, weiter oben aus Eisen mit Stufen aus Holz.

10. April

Erlesene Holzverkleidungen, Vitrinen, Spiegel und eine mit Ornamenten bemalte Decke in der genuesischen Confiserie Pietro Romanengo, *ehemals* Stefano, *die auf die Herstellung von feiner Schokolade, Pralinen und kandierten Früchten in eleganten Verpackungen spezialisiert ist.*

11. April

Außenfassade des Geschäfts, das 1814 auf der Piazza Soziglia im historischen Zentrum Genuas eröffnet wurde. Die Türen und Vitrinen sind symmetrisch auf ein Marmorrelief mit Füllhorn, dem Symbol der Händler, angeordnet. Ein weiteres, mit Putten und Früchten verziertes Relief krönt giebelartig die Fassade.

12. April

Weiße Streifen aus Marmor und schwarze aus Schiefer verzieren die Fassaden der Paläste aus dem 14. Jahrhundert an der Piazza San Matteo in Genua. Diese Fassadenverkleidung wird »Inkrustation« genannt. Die Palazzi gehörten, wie auch die gleichnamige Kirche im Zentrum der Piazza, der einflussreichen genuesischen Familie Doria.

13. April

Die gleiche Verkleidung mit Schiefer und Marmor findet sich in einem Gebäude der Salita San Francesco in Genua, in dem man noch die Reste (Kreuzrippengewölbe) der ehemaligen gotischen Kirche sehen kann, die im 16. Jahrhundert den Renaissancepalästen der tiefer gelegenen Via Garibaldi weichen musste.

14. April

Castello Racconigi, Piemont, im Frühling. Blick vom Park auf das fürstliche Schloss, das lange Zeit als Sommerresidenz der Könige von Italien diente.

15. April

Spitzbögige Arkaden am Schloss Castello gotico della Margaria im Park von Racconigi. Im Gebäude befanden sich eine Molkerei, Pferdeställe und Lagerräume.

16. April

Mit Blick auf die Piazza delle Erbe: Restaurants mit schön gedeckten Tischen in der Arkadenreihe des Palazzo della Ragione in Mantua.

17. April

Im Schaufenster einer Konditorei von Mantua sind für die Region typische Kuchen und Süßigkeiten ausgestellt, wie etwa Kürbistorte und la sbrisolona *– ein leicht zerbröselndes Gebäck mit gerösteten Mandeln.*

18. April

Zu Besuch beim amerikanischen Maler Joseph Sheppard in der Nähe von Pietrasanta, Toskana. In einer Laube steht eine indische Bank neben einer Amphore aus der Toskana.

19. April

Joseph Sheppards restauriertes Bauernhaus hat eine Loggia, wo man im Schutz vor der Mittagsonne im Freien angenehm essen und von der man die Aussicht in den Garten genießen kann.

20. April

Certosa di Pavia – das Kartäuserkloster von Pavia ist mit seinem Reichtum an vielfarbigem Marmor ein Meisterwerk der lombardischen Kunst der Renaissance.

21. April

Faszinierende Spiegelung, die gar nicht existiert: Mithilfe eines Spiegels wurde die herrliche, symmetrisch gestaltete Marmorfassade der Kirche der Certosa di Pavia fotografisch interpretiert.

22. April

Das Kolosseum, einst größtes Amphitheater der antiken Welt, heute Wahrzeichen der Stadt Rom. Der elliptische Bau wurde unter Kaiser Vespasian im Jahre 75 n. Chr. begonnen und unter Titus 80 n. Chr. vollendet. Gladiatorenkämpfe fanden zuletzt 405 n. Chr., Tierhetzen bis Mitte des 6. nachchristlichen Jahrhunderts statt.

23. April

Bis zu 50000 Zuschauer konnte das Kolosseum aufnehmen. Im Mittelalter diente der Bau (Längsachse: 188 Meter, Höhe 48,5 Meter) als Festung, zur Zeit der Renaissance als Steinbruch, 1744 wurde das Kolosseum als Märtyrerstätte geweiht.

24. April

Der Giardino Esotico Pallanca in Bordighera beherbergt eine sehr sehenswerte Sammlung an Kakteen und Sukkulenten aus aller Welt, die sich bis ans Wohnhaus der Familie erstreckt. Im Vordergrund Aloe ferox *(syn.* A. supralaevis*) aus Südafrika, gefolgt vom silberhaarigen, verzweigten Kaktus* Oreocereus celsianus *aus Bolivien und Peru, dazwischen die Blüten des Goldmohns.*

25. April

In einem Gewächshaus des international renommierten Kakteenexperten Barth Pallanca »bewegt« sich eine steinerne, kaum von den Kakteen zu unterscheidende Schildkröte unendlich langsam am Rand einer Mammillaria-*Sammlung mit diversen Arten des Warzenkaktus.*

26. April

Palmen werfen Schattenmuster auf das Wohnhaus der Familie Pallanca am sonnigen Hang über dem Ligurischen Meer. Die Kuppel im Vordergrund wurde auf den Mauern einer alten Zisterne konstruiert und erinnert an den Baustil der Araber (14. Jahrhundert) in der Gegend von Bordighera.

27. April

Silberhaarige Gesellen (Oreocereus celsianus), *beheimatet in Bolivien, jedoch in der Gärtnerei Pallanca aus Samen gezogen, wie auch viele andere Kakteenarten, die vom Aussterben bedroht und durch die Konvention von Washington (CITES) geschützt sind.*

28. April

Arrangement auf der Dachterrasse eines alten Gebäudes in Genua: mit Mustern verzierte Sari-Seide aus Indien, die – reich an Gold – für Hochzeitsgewänder dient. Auch die Kissen sind mit dem kostbaren Stoff bezogen.

29. April

Dachgarten in Genua mit gelbem Baldachin der kleinblütigen Kletterrose Rosa banksiae *und Durchblicken zum historischen Zentrum der alten Hafenstadt.*

30. April

Wenn man das in der Nähe von Florenz gelegene Städtchen Bagno a Ripoli durch den Torbogen (Arco del Camicia) verlässt, steigt das Gelände mit Olivenhainen nach Terzano hin an. Im weinberankten, gut 200 Jahre alten Bauernhaus, das so manchem Haus der Gegend ähnelt, lebt der florentinische Bildhauer Marcello Guasti. Im Inneren überrascht die ureigene Welt des Künstlers.

1. Mai

Zwischen Wohnhaus und Atelier des Bildhauers Marcello Guasti: kleiner Innenhof mit der konischen Skulptur Fonte Nera *aus schwarzem Granit und einer Skulptur aus Eichenholz mit dem Namen* Renaiolo. *Letztere stellt einen Arbeiter dar, der einst feinen Sand, der beim Bau Verwendung finden sollte, aus dem Arno in ein Boot hievte (ital.* rena *= Sand, lat.* arena *= mit Sand bestreuter Kampfplatz im Amphitheater).*

2. Mai

Blick vom Wasserturm auf das Ziegeldach des Palazzo dell'acqua der Villa Litta, Lainate, nördlich von Mailand. Stelen krönen die zum Garten hin orientierte Fassade, davor ein Brunnen und die Orangerie (ital. limonaia).

3. Mai

Scherzi e giochi d'acqua:
Wasser spritzt zur Überraschung der Besucher der Villa Litta plötzlich aus der Pflasterung.

4. Mai

Innenhof des ehemaligen, in den letzten Jahren des 19. Jahrhunderts erbauten Nonnenklosters (Chiostro del Conventino) in Florenz mit Blick zum Studio der Bildhauerin Artemisia Viscoli. Im inzwischen restaurierten Gebäude befinden sich mehrere Künstlerateliers.

5. Mai

Behagliches Interieur in Braun mit einem Torso aus Terrakotta – geschaffen von Artemisia Viscoli nach einer römischen Kopie einer antiken griechischen Skulptur.

6. Mai

Blumenwiese mit leuchtend rotem Klatschmohn in einem Olivenhain in der Nähe von Massa Marittima, Provinz Grosseto.

Der Garten der Villa Il Roc in Trivero, Vercelli, wurde in den Jahren 1967 bis 1975 von Pietro Porcinai (1910–1986), dem bedeutendsten italienischen Landschaftsarchitekten des vorigen Jahrhunderts, entworfen. Ein blühendes Band aus Azaleen und Rhododendren hebt sich angenehm von der grünen, hügeligen Landschaft der piemontesischen Voralpen ab.

8. Mai

In der Nähe von Vignole Borbera, südlicher Piemont, liegt Principiano, ein privates Anwesen mit einem Gebäude, das auf den Grundmauern eines antiken frühmittelalterlichen Klosters erbaut wurde.

9. Mai

Principiano. Der Eingangshof, wo einst die Kutschen hineinfuhren, ist mit Naturstein und Kieseln gepflastert.

10. Mai

Venedig, Piazza San Marco. Wer draußen an den Tischen der Bar sitzt, kann den Klang der zwei Mohren hören, die die Stunden auf dem Turm Torre dell' Orologio an einer Glocke schlagen.

11. Mai

Ein Mosaik schimmert golden an der Fassade eines typisch venezianischen Palastes am Canal Grande in Venedig.

12. Mai

Norchia, Provinz Viterbo, in der Region Latium. Spaziergang durch die etruskischen Felsengräber aus Tuffstein – die einzigen dieser Art aus dem 6. bis 2. Jahrhundert v. Chr.

13. Mai

Die kunstvoll behauenen Grabstätten der Etrusker aus Tuffstein mit silbergrauer Patina sind trotz der Jahrtausende noch recht gut erhalten. Tuffstein vulkanischen Ursprungs ist durabel, aber gleichzeitig auch leicht mit Werkzeugen zu bearbeiten.

14. Mai

Die malerische Bucht von Portofino ist ein beliebtes Ausflugsziel.

15. Mai

Blick auf das türkisblaue Meer vor Portovenere im Golf von La Spezia. Auf den Felsen in der Abendsonne der Friedhof mit seinen alten Gemäuern.

16. Mai

Zwei Ölgemälde von Gianni Lillo in einem Haus in Siena stellen die hügelige Landschaft Crete zu verschiedenen Tageszeiten und Lichteinfällen dar.

17. Mai

Hügelige Landschaft in der Gegend von Siena: wie gemalt in den Farben Gelb und Rotbraun.

18. Mai

Villa Bonaccorsi, Potenza Picena, in der Region Marche. Steinerne Obelisken, Statuen und Zitronenbäume in Terrakottakübeln markieren die Vertikale über den mit Buchsbaumhecken gerahmten Blumenbeeten der terrassierten Anlage aus dem 18. Jahrhundert.

19. Mai

Die Gartenanlage der Villa Bonaccorsi – eine der am besten erhaltenen, aber auch wenig bekannten aus dem 18. Jahrhundert – gliedert sich an einem Hang in fünf Terrassen. Die repräsentative Anlage ist mit so genannten Parterres de Broderie *(Ornamente aus Buchshecken), Obstspalieren und nicht weniger als 240 Statuen ausgestattet.*

20. Mai

Villa Regina, das ehemalige Jagdhaus der Grafen Langosco di Langosco aus dem 18. Jahrhundert auf den Hügeln von Genua: Im Morgenlicht wirkt die in Ockergelb verputzte Fassade mit ihren terrakottafarbenen Verzierungen noch wärmer.

21. Mai

Die Wände eines Wohnzimmers in der Villa Regina hat die malende Urgroßmutter der Familie Langosco di Langosco mit fantasievollen Pflanzen dekoriert.

22. Mai

Gewitterhimmel über den Feldern von Montecampano, Provinz Terni, Umbrien. Der Klatschmohn und die Weiden wiegen sich im Wind.

23. Mai

Uralter Olivenhain bei Monte-campano, Provinz Terni, Umbrien.

24. Mai

Der moderne Parterregarten der Villa Il Roseto bei Florenz wurde in klassisch runden Formen mit Rasen, Buchsbaum und dem Naturstein pietra serena *gestaltet. Der Garten liegt über einer grottenartigen »Tiefgarage« und wurde von Pietro Porcinai (1910–1986) in den Jahren 1961 bis 1965 gestaltet.*

25. Mai

Die Raffinesse des Dachgartens mit seinen geometrisch-runden Formen ist am deutlichsten von einem Fenster der Villa Il Roseto erfahrbar. In der Vogelperspektive sieht man im Vordergrund den mit einem Buchsbaumzirkel umrandeten Aufgang aus der »Garagengrotte« samt kunstvoller Wendeltreppe. Der Florentiner Pietro Porcinai (1910–1986) hat hier auf dem Hügel von Acetri einen seiner spektakulärsten Entwürfe verwirklicht.

26. Mai

Zwischen hohen, kerzengeraden Zypressen und dem bizarren Rauhschopf (Dasilyrion) *oberhalb der Villa Hanbury steht der kleine Tempel der vier Jahreszeiten (Tempietto delle Quattro Stagioni).*

27. Mai

Zwei liebenswerte steinerne Putten flankieren die Treppe: zur Blüte des Blauregens eine Attraktion in den Gärten der Villa Hanbury bei Ventimiglia.

28. Mai

Salumeria Giusti in Modena, gegründet 1605. Das Geschäft mit exquisiten Wurstwaren, Käse und anderen Spezialitäten der emilianischen Küche bietet auch ausgezeichnete Weine an.

29. Mai

Das Café Giusti in Modena mit einer Theke, deren Rand geschwungen ist, und einer kupfernen macchinetta *(Kaffeemaschine) hat seine ursprüngliche Einrichtung vom Anfang des 20. Jahrhunderts bewahrt.*

30. Mai

Gondeln in Erwartung von Touristen auf dem Canal Grande in Venedig.

31. Mai

Bacino San Marco – so wird der Teil der Lagune vor dem Markusplatz genannt, wo die Gondeln anlegen. Im Hintergrund in der Abendsonne die Kirche San Giorgio Maggiore auf der gleichnamigen Insel.

1. Juni

In der Lagunenstadt dienen die Kanäle als Straßen – statt Autos verkehren hier Gondeln und kleine Motorboote. Doch es gibt auch die sogenannten calli *– Wege und Passagen für Fußgänger, die von den Venezianern hastig, von den Massen der Touristen dagegen langsamer überquert werden.*

2. Juni

Charakteristisch sind in Venedig die Pflasterungen der Plätze mit grauem Gestein und einem geometrischen Muster aus hellen Steinen, wie hier vor der Kirche Santa Maria della Salute.

3. Juni

Genua, Via Garibaldi: Palazzo Lomellino mit reicher Stuckverzierung aus der Zeit der Renaissance. Die beiden weiblichen Büsten, die zwei flachen Pfeilern entspringen, werden »Hermen« genannt – nach dem Gott Hermes aus der griechischen Mythologie, dem Beschützer des Eigentums und der Reisenden. In der Antike waren «Hermen« ursprünglich Pfeiler mit Hermesköpfen, die an Grenzen, Straßen und Kreuzungen aufgestellt wurden.

4. Juni

Baukunst, die zum Weltkulturerbe der UNESCO gehört: Der kürzlich restaurierte Palazzo Lomellino ist einer von insgesamt 42 Adelspalästen aus der Renaissance und späteren Stilepochen, die palazzi dei rolli *(kurz:* rolli*) genannt und von der Republik Genua für bedeutende Gäste der Stadt zur Verfügung gestellt wurden.*

5. Juni

Uralter Gummibaum (Ficus macrophylla), *der im Laufe der Jahre mit beängstigendem Wachstum die Mauern sprengte, im Garten der Villa Bicknell von Bordighera (aus der Fotokunstserie* Interpretationen *des Autors mit dem Titel* Adam und Eva).

6. Juni

Rhapsodie in Blau: Glyzinen an der Fassade des Museums Biblioteca Bicknell in Bordighera, benannt nach dem englischen Botaniker und Archäologen Clarence Bicknell (1842–1918), der hier die Villa 1888 im englischen Stil erbauen ließ. Im Museum ist unter anderem sein sehenswertes Herbarium mit Pflanzen aus der Umgebung von Bordighera und San Remo ausgestellt.

7. Juni

Ausgesprochen reich verziert ist der Goldene Saal (Galleria Dorata) im Palazzo Carrega-Cataldi in der Via Garibaldi in Genua, einer Straße, in der 13 Renaissancepaläste stehen. Am sogenannten Roten Tisch finden regelmäßig Konferenzen der Camera di Commercio (Handelskammer) statt.

8. Juni

Das prunkvoll gestaltete barocke Tonnengewölbe des Hauptschiffs der Kirche Santissima Annunziata in Genua – im Zweiten Weltkrieg beschädigt durch englische Bomben – wurde in den letzten Jahren vollkommen restauriert.

9. Juni

Rote Rosen beleben das kunstvoll geschmiedete, rostige Eisengitter und das zerbröckelnde Ockergelb eines Mauerverputzes in der Toskana.

10. Juni

Die Orangerie der Villa Regina auf den Hügeln von Genua dient Maricle und Riccardo Langosco im Frühling und Sommer als Refugium, im Winter als Quartier für Zitronenbäumchen und andere Pflanzen in Terrakottatöpfen.

11. Juni

Nach der Restaurierung steht Benvenuto Cellinis Perseus *mit dem Haupt der getöteten Medusa wieder in der Loggia dei Lanzi und beeindruckt mit seiner Schönheit und Grausamkeit vor der Fassade der Uffizien in Florenz.*

12. Juni

In der Abenddämmerung spiegelt sich die klare Architektur des Palazzo degli Uffizi von Antonio Vasari (1511–1574) im Arno. In den Uffizien befindet sich heute neben dem Staatsarchiv die bedeutendste Gemäldegalerie Italiens – mit Meisterwerken aller Epochen, hervorzuheben sind vor allem die italienische, besonders die florentinische, aber auch die niederländische und altdeutsche Malerei.

13. Juni

Wie eine grüne Girlande betont ein Bogen aus Efeu den Eingang der Villa L'Apparita in Siena, die von Baldassarre Peruzzi im 17. Jahrhundert entworfen wurde.

14. Juni

Der Garten der Villa L'Apparita, geplant von Pietro Porcinai (1910 bis 1986), konzentriert sich effektvoll auf wenige typische Elemente der toskanischen Landschaft wie Zypressen, Obstbäume und Binsenginster (Spartium junceum).

15. Juni

Leuchtend gelbe Sumpfdotterblumen an einem Bach am Großen Sankt Bernhard.

16. Juni

Wer nach Italien statt durch den Tunnel über den Pass des Großen Sankt Bernhard (Gran San Bernardo) fährt, erlebt eine schöne, abwechslungsreiche Gebirgslandschaft.

17. Juni

Die Terrasse vor der Villa Durazzo in Santa Margherita, östlich von Genua, ist mit einem typisch ligurischen Kieselmosaik aus schwarzen und weißen Steinen geschmückt.

18. Juni

Santa Margherita, Ligurien: Grüne, flache Buchsbaumhecken und weitausladende Palmfarne bilden einen wirkungsvollen Kontrast zum matten Rot der Villa Durazzo aus dem 17. Jahrhundert.

19. Juni

Offener Innenhof mit Kamelien, Philodendren, Cypripedium-Orchideen und optisch »bewegten«, schwarzen und weißen Fliesen des Architekten Marco Zanuso in der Villa Andreani in Bogliasco, Ligurien.

20. Juni

Blick von der Villa Andreani auf das Ligurische Meer und die malerische Felsenküste. Im Vordergrund die mediterrane Kiefer Pinus halepensis.

21. Juni

Weiße Rosen, Azaleen und Buchsbaumkugeln in Terrakottatöpfen flankieren die Einfahrt zur Villa Regina aus dem 18. Jahrhundert auf den Höhen von Genua.

22. Juni

Rosenfülle in Maricles ligurischem Garten vor der Villa Regina – ein ehemaliges Jagdschloss, das in den letzen Jahren restauriert worden ist und von den Grafen Langosco di Langosco bewohnt wird.

23. Juni

Michael Playford, Inhaber einer Galerie mit Möbelklassikern aus dem 20. Jahrhundert in London, verliebte sich in das Bauernhaus in Valazzana, oberhalb von Fivizzano in der Lunigiana. Nach dem Kauf und der Restaurierung richtete er das Interieur des Hauses raffiniert ein. Das Haus kann zu verschiedenen Jahreszeiten von Feriengästen gemietet werden.

24. Juni

Das keramische Mosaik am Boden des Schwimmbeckens wurde vom Besitzer des Hauses selbst entworfen.

25. Juni

Die Küche des Hauses in Valazzana ist großzügig und offen, mit direkter Verbindung zur Terrasse angelegt. Im Vordergrund der große, ovale Tisch aus Ahornholz in der Mitte der Küche.

26. Juni

Das Interieur in Valazzana basiert auf wenigen Farben und Werkstoffen: weiße Wände, Böden aus Ahornholz, weiße und schwarze Möbel, allesamt entworfen von großen Designern des vergangenen Jahrhunderts. Die drei weißen Tische, die sogenannten »Tulpentische«, stammen vom finnischen Architekten und Designer Eero Saarinen (1910–1961).

27. Juni

Sanfte Wellen und Wolken über dem Monte di Procida, dem Vorgebirge gegenüber der Insel Procida, das die Bucht von Pozzuoli entlang der Küste Kampaniens abgrenzt.

28. Juni

Im Hafen von Genua: Ein Segelboot passiert die letzte Strecke zwischen Außendamm und Ausstellungsgelände, bevor es das offene Meer erreicht.

29. Juni

Il Prato della Valle in Padua – einer der größten Innenstadtplätze Europas. In seiner Mitte gibt es eine »grüne« Insel elliptischer Form, die von einem Kanal ringförmig umschlossen wird. Im Vordergrund – am Rand des Kanals – stehen Statuen auf mächtigen Sockeln, im Hintergrund ist die Kirche Santa Giustina mit ihren acht Kuppeln zu sehen.

30. Juni

Blick auf den die elliptische Insel Memmia umgebenden Kanal und die jeweils am Rand aufgestellten Skulpturen. Mit der Anlage des künstlichen Wasserlaufs begann man im Jahre 1775, das sumpfige Gelände zu entwässern.

1. Juli

Zu Besuch im Atelier des Malers Aurelio Caminati in Genua. Der vielseitige, trotz hohen Alters geistig jung gebliebene genuesische Künstler hat sich neben der Öl- und Freskenmalerei auch mit Glas- und Keramikkunst befasst und im Laufe der Jahre zahlreiche Werke verwirklicht.

2. Juli

Caminatis Küche in einem alten genuesischen Haus – eine Bottega voller künstlerischer Experimente: Zeichnungen, Skizzen und Fotos inmitten von bunt bemalten Kacheln.

3. Juli

Villa Negrotto Cambiaso, Riviera di Ponente, westlich von Genua. Das im eklektischen Stil erbaute Schloss ist heute Sitz der Kommune von Arenzano und liegt in einem Park mit schönen alten Bäumen.

4. Juli

Transparente Architektur aus Eisen und Glas: das große Gewächshaus im Park der Villa Negrotto Cambiaso aus den 1880er Jahren wird heute nicht mehr für die Kultivierung von Pflanzen, sondern als Raum für Kunst- und Kunsthandwerkausstellungen genutzt.

5. Juli

Villa Tasca, Palermo. Der barocke Giebel wird von Balustraden flankiert und thront über dem zauberhaften Park mit seinen Palmen und Araukarien.

6. Juli

Das Goldene Zimmer der Villa Tasca vom Salon aus gesehen. Auf dem Boden breitet sich das Muster aus Majolikafliesen wie ein reich verzierter Teppich aus.

7. Juli

Aus aller Welt versammelten sich im Jahre 2000 im Hafen von Genua große Segelschiffe älteren Baujahrs, sogenannte Tall ships, *die – wie dieser Dreimaster – eine Attraktion für die Zuschauer darstellten.*

8. Juli

Il Bagno delle Donne (Damenbad) – so wird diese kleine, sonnige Bucht an der felsigen Küste von Talamone in der Provinz Grosseto, südliche Toskana, genannt.

9. Juli

In La Scarzuola in Montegiove, in der Nähe von Orvieto, Umbrien, verwirklichte der Mailänder Architekt Tommaso Buzzi (1900–1981) seine Vision von der »idealen Stadt«. Buzzi erwarb 1956 das Gelände eines ehemaligen Klosters, das laut Überlieferung 1218 vom heiligen Franziskus gegründet wurde, und begann mit der Realisierung eines architektonischen Komplexes – eine fantastische Kulissenwelt, reich an Symbolen und voller architektonischer Referenzen.

10. Juli

La Scarzuola. Blick vom sogenannten Theater der Bienen, welches auf dem Bild des Vortags von außen zu sehen ist, auf das Amphitheater sowie den aus Tuffstein erbauten architektonischen Komplex samt Miniatur-Akropolis. Im Vordergrund das wabenförmige Muster des Bodenbelags aus beigem vulkanischen Gestein sowie eine weißgemalte Biene. Ein Rundgang unter der Führung von Marco Solari, dem Neffen des Architekten Buzzi, ist ein faszinierendes Erlebnis.

11. Juli

Dolceacqua, ein altes Dorf in den felsigen Höhen der Riviera dei Fiori, in der Nähe von Imperia. Der Bogen der spätmittelalterlichen Brücke schwingt sich über den Sturzbach Torrente Nervia. *Einer der besten ligurischen Weine wird hier produziert: il Rossese di Dolceacqua.*

12. Juli

Castello di Tagliolo in der Nähe der Stadt Ovada, Piemont. Der 38 Meter hohe Turm aus dem 15. und 16. Jahrhundert dominiert zusammen mit dem Schloss die Landschaft von Alto Monferrato. Das Schloss mit schönem Innenhof, Weinkellern und Bottega ist sehr gut erhalten und lohnt einen Besuch. Auch hier wird ein berühmter Rotwein, der Dolcetto di Ovada, kultiviert.

13. Juli

Villa la Mortella, Forio, auf der Insel Ischia. Feuerrote Blüten von Russelia equisetiformis *empfangen den Besucher an der Treppe, die zur Villa des englischen Komponisten Sir William Walton (1902–1983) führt. Die Stiftung Walton mit Sitz in la Mortella unterstützt junge, talentierte Musiker.*

14. Juli

Der berühmte englische Komponist und seine Frau Susanna legten nach dem Entwurf des Gartenarchitekten Russel Page (1906–1985) in den 1960er Jahren in einem engen, felsigen Tal einen sehenswerten exotischen Garten mit arabisch inspirierten Wasserspielen an. Besucher sind willkommen.

15. Juli

Die strenge, geradlinige Architektur im Vordergrund ist das neue Fährschiffsterminal (Architekt: Aldo Luigi Rizzo) des Hafens von Genua – mit seiner modernen Struktur ein starker Kontrast zu den Häusern am Hügel im Hintergrund.

16. Juli

Ein bizarrer Samenstengel einer Agave als Überlebenszeichen der Natur: Genua einst und jetzt. Links im Vordergrund der polygonale Wolkenkratzer Il matitone *(der große Bleistift) des Architekten Mario Lanata und des Büros Skidmore, Owings & Merrill, Chicago, im Hintergrund das Wahrzeichen Genuas, der alte Leuchtturm aus dem 14. Jahrhundert am ehemaligen Hafeneingang.*

17. Juli

Zahlreiche bunte Keramikkunstwerke schmücken die Wände des Gewächshauses, welches gleichzeitig der Eingang zu dem kleinen, restaurierten Bauernhaus des dänischen Künstlers Asger Jorn ist. In Albisola, Savona, in Meeresnähe, legte Jorn (1914–1973), Gründer der Künstlergruppe Cobra, *einen originell terrassierten Garten an.*

18. Juli

Für die mosaikartige Treppen- und Terrassengestaltung verwendete Jorn beschädigte und aussortierte Kacheln der örtlichen Keramikindustrie.

19. Juli

Aus den Steinbrüchen von Montemurlo: ein Kreis aus Steinen des englischen Künstlers Richard Long ist eines der ersten Werke, das der Mäzen Giuliano Gori Ende der 1970er Jahre in seinem Gutshof Fattoria di Celle in der Nähe von Pistoia, Toskana, realisieren ließ. Die Rote Pyramide *(1985/86) hat der Amerikaner Sol Lewitt (1928–2007) auf die Mauer eines landwirtschaftlichen Gebäudes gemalt.*

20. Juli

Das steinerne Rad von Pietro Cascella ist eine von vielen beeindruckenden Skulpturen im sizilianischen Dorf Gibellina. Zahlreiche Künstler kamen dem Wunsch der Gemeinde nach, den urbanen Raum mit ihren Werken zu bereichern. Die Ruinen des ursprünglichen Dorfes, das 1968 ein Erdbeben zerstörte, liegen etwa 15 Kilometer entfernt.

21. Juli

Im Hanggarten von Castello Fieschi in Paraggi, nahe Portofino. Über dem Ligurischen Meer mediterrane Kiefern (Pinus halepensis) *und verschlungene Pfade, die immergrüne* Pittosporum-*Hecken säumen.*

22. Juli

Das Schwimmbecken im Garten von Castello Fieschi – ein Werk des Florentiner Landschaftsarchitekten Pietro Porcinai (1910–1986) – ist nur auf drei Seiten mit einem Rand aus Naturstein umgeben. Durch den sogenannten »Infinity-Rand« verschmilzt das Profil des Wasserbeckens optisch mit dem Horizont des Meeres.

23. Juli

Villa Gavotti, Albisola – ein Meisterwerk barocker Kunst in Ligurien. Die leicht geschwungene Marmorbrüstung, geschmückt mit Statuen, Voluten und Amphoren, setzt sich geradlinig auf der Terrasse oberhalb der Orangerie der Villa fort.

24. Juli

Der spätbarocke Garten der Villa Gavotti gilt als der schönste formale Garten des 18. Jahrhunderts in Ligurien. Seitlich der vom Architekten Gerolamo Brusco Mitte des 18. Jahrhunderts umgebauten und erweiterten Villa aus dem 15. Jahrhundert befinden sich zwei symmetrische, erhöhte Terrassen mit reich verzierten Balustraden und jeweils einer geschwungenen Treppe aus Marmor, die über eine schachbrettartig gepflasterte Terrasse mit Wasserbecken zum Garten hinabführt. Der Garten, mit Obstbäumen links im Vordergrund, wird von der Architektur quasi umschlossen, rechts ein Wäldchen mit großen, alten Bäumen.

25. Juli

Genua, Porto Antico mit Palazzo San Giorgio im Hintergrund. Der alte Hafen, der bis 1992 für die Öffentlichkeit gesperrt war, wurde vom genuesischen Architekten Renzo Piano zu einer beliebten Uferpromenade umgestaltet: zahlreiche Bänke unter Palmen laden zum Ausruhen ein und neben Attraktionen wie dem Aquarium bietet ein muschelförmiger Pavillon Platz für Festveranstaltungen und Raum fürs winterliche Schlittschuhlaufen.

26. Juli

Der Porto Antico in Genua, eine Oase für jeden. Die Dattelpalmen wurden per Schiff aus Ägypten importiert.

27. Juli

Certosa di Pavia. Die erste Vorhalle des Kartäuserklosters von Pavia ist mit Fresken – vermutlich von Bernardino de Rossi zu Beginn des 16. Jahrhunderts – ausgestattet. In den Lünetten sind Szenen aus dem Alten Testament zu sehen.

28. Juli

Auch das Innere des Eingangsvestibüls ist reich verziert. Der Bau des Klosters wurde 1396 unter Giangaleazzo Visconti (1351–1402), dem Herzog von Mailand, für die Kartäusermönche von Siena begonnen, einem Orden, der im 11. Jahrhundert vom heiligen Bruno von Köln gegründet wurde. Aufgrund der langen Bauzeit – erst im Jahre 1542 wurde das Kloster vollendet – erkennt man mehrere Stilrichtungen.

29. Juli

Il Chiostro Piccolo, das kleine Kloster innerhalb des großen Komplexes der Certosa di Pavia, hat einen Innenhof mit einem anmutigen Säulengang und geometrischen, mit Buchsbaumhecken eingerahmten Blumenbeeten.

30. Juli

Die Villa Foscari, genannt La Malcontenta *(Die Unzufriedene) in Gambarare di Mira ist ein Werk Andrea Palladios (1508–1580). Begonnen um 1559/60 entspricht der Bau mit seinem aus 6 frontalen ionischen Säulen bestehenden Eingangsportikus den Regeln der klassisch-antiken Architektur. Da sich die Villa direkt am schiffbaren Brentakanal befindet, ist auch eine Fahrt mit dem Schiff* Il Burchiello *zu empfehlen. Auf der Fahrt von Venedig nach Padua (oder umgekehrt) können drei venezianische Villen besichtigt werden: Villa Foscari, Villa Widmann (oder Barchessa Valmarana) sowie Villa Pisani. Weitere Informationen unter www.ilburchiello.it*

31. Juli

Terzano, ein Dorf oberhalb von Bagno a Ripoli bei Florenz: Die Küche im Haus des florentinischen Bildhauers Marcello Guasti fasziniert durch ihr außergewöhnliches Ambiente: Über einem antiken Möbel, in dem das Brot aufbewahrt wurde, hat Guasti seine Sammlung an Votivbildern platziert, die einst – als Dank für erhaltenen Hilfe – in der Sakristei der örtlichen Kirche hingen.

1. August

Blick auf die toskanische Landschaft: Marcello Guastis Katze aus Bronze im steinernen Trog vor dem Fenster. Das Sammeln alter landwirtschaftlicher Geräte ist eine Leidenschaft des Künstlers – rechts im Bild ein Dreschflegel.

2. August

Eine Ansicht des Canal Grande in Venedig fast wie auf alten Gemälden: Das Wasser der Lagune wird ständig von Gondeln und größeren Booten durchpflügt. Hinter der Baumgruppe rechts im Bild ist der hellrosafarbene Palazzo Ducale – am Eingang zum Markusplatz – zu erkennen.

3. August

Le bricole – *so werden im venezianischen Dialekt die schön verzierten Holzpfähle, die in den Boden der Kanäle eingerammt sind, genannt. Sie erfüllen verschiedene Funktionen: bei niedriger Wassertiefe sind sie ein Maßstab und markieren – immer zu dritt gruppiert – die Anlegestellen für die Gondeln.*

4. August

Gepflastert mit Flusskieseln: das historische Zentrum von Toirano, einem Dorf im Hinterland von Loano und Albenga. Zwischen dieser klassischen, typisch ligurischen Pflasterung (leicht holprig, aber gut für die Füße!) gibt es auch immer wieder einen glatteren Belag aus Ziegeln.

5. August

Varese Ligure im Hinterland von Sestri Levante – eine Stadt an der Küste östlich von Genua. Charakteristisch für die meist auf steilem Gelände gebauten ligurischen Dörfer sind die schmalen Gassen sowie die Bögen zwischen den Häusern zur Stabilisierung der Mauern.

6. August

Auf der Insel Elba hat die Architektin Marta Lonzi vor dreißig Jahren ihr kleines, weißes Ferienhaus behutsam auf ein aus felsigem Granit bestehendes Terrain mit dichter mediterraner Vegetation gebaut.

7. August

Das Interieur des Wohnzimmers ist auf wenige Farben reduziert: auf das Weiß und Orange in den Kissenüberzügen der Sofas, das warme Braun des Holzes und das dunkle Grün der Türen und Fenster.

8. August

Marta Lonzis Haus hat zwei Etagen, die durch eine gemauerte, weiße Treppe miteinander verbunden werden. Die mit einem Holzrahmen eingefasste Glastüre, die auf der einen Seite bogenförmig gekrümmt ist, erzeugt ein Spiel der Reflexe und reguliert die Luftzirkulation zwischen den beiden Etagen.

9. August

Beeindruckendes Formenspiel: wie eine Skulptur hat die Architektin einen bestehenden kolossalen Granitfelsen in den Eingangsbereich integriert. Die leicht gebogene Kontur des Schranks – wie eine Skulptur aus Holz – wiederholt sich in der Türe links im Hintergrund.

10. August

Die Basilika Santa Maria Assunta beherrscht den Hügel von Carignano in Genua. Mit dem Bau dieser grandiosen Kirche auf dem Grundriss eines griechischen Kreuzes begann im Jahre 1552 Galeazzo Alessi, ein Schüler Michelangelos. Das Zentrum bildet eine große Kuppel, die Fassade wird von Zwillingsglockentürmen flankiert.

11. August

Über den Dächern von Genua: eine vielgestaltige Formenwelt, die von Kirchtürmen überragt wird. Die Kuppel im Vordergrund und der Glockenturm mit den beiden Uhren gehören zur Chiesa del Gesù (Jesuskirche), die drei Kuppeln dahinter drei Gebäuden aus den ersten Jahren des 20. Jahrhunderts.

12. August

Vom Hügel Castelletto aus hat man eine schöne Aussicht auf das historische Zentrum und den Hafen von Genua. Mit dem gut hundertjährigen Aufzug links im Bild kann man schnell hinunterfahren in die Nähe der Via Garibaldi mit ihren zahlreichen Renaissancepalästen.

13. August

Villetta Dinegro, oberhalb der Piazza Corvetto, Genua. Eine künstliche Felswand als Fassade eines rustikalen Gebäudes mit einst bewohnbaren Räumen. Im Jahre 1802 erwarb der Marchese Gian Carlo Di Negro (1769 bis 1857) das Hanggrundstück entlang der Stadtmauer aus dem 16. Jahrhundert, legte in den folgenden Jahren einen romantischen Park im englischen Stil an und ließ eine kleine Villa erbauen, die von der Kommune von Genua 1863 erworben und 1942 durch die Bomben der Alliierten zerstört worden ist. 1948 wurde das neue Gebäude errichtet, das seitdem Sitz des Museums Chiossone mit einer Sammlung sehenswerter japanischer Kunst ist.

14. August

Reizvolle Aussicht auf die ligurische Landschaft westlich von Genua mit ihren weißen Kalksteinfelsen – im Hintergrund Cap Noli mit seinem Turm. In den Furchen und Spalten des Gesteins hat sich mediterrane Vegetation – Seekiefern (Pinus halepensis), *diverse* Euphorbia-*Arten sowie duftender Thymian – angesiedelt.*

15. August

Inmitten von Seekiefern (Pinus halepensis) *auf dem Berg von Portofino hat der Florentiner Landschaftsarchitekt Pietro Porcinai (1910–1986) eines der wohl schönsten Schwimmbecken der Welt kreiert, dessen Wasserspiegel mit dem Blau des Meeres zu verschmelzen scheint.*

16. August

In einer Villa aus dem 18. Jahrhundert auf dem Landgut Fattoria di Celle in der Nähe von Pistoia, Toskana, hat der Mäzen Giuliano Gori in den letzten 25 Jahren eine der bedeutendsten Sammlungen zeitgenössischer Kunst zusammengetragen, die mehr als 60 Werke umfasst. Im Vordergrund die steinerne Skulptur eines Brunnens von Pietro Cascella, unter der Platane die Bronzeskulptur Servi Muti *(Stumme Diener) von Roberto Barni: drei Männer, die mit verbundenen Augen eine Tischplatte halten.*

17. August

Villa Lante, Bagnaia, zirka 5 Kilometer nordöstlich von Viterbo, Latium. Das Becken des Brunnens der Giganten an der Basis der Catena d'Acqua *(Wasserkette) – eine Wassertreppe mit Kaskaden und Fontänen, die von einer Quelle und einem Bergbach gespeist wird. Bauherr des vollkommen symmetrischen Gartens mit stilisiertem Bergbach und integriertem Wald war Kardinal Giovanni Francesco Gambara (1533–1587), der 1568 den Architekten Giacomo Barozzi da Vignola (1507 bis 1573) mit der Anlage beauftragte. Der Garten der Villa Lante gilt als Musterbeispiel des italienischen Renaissancegartens.*

18. August

Es sind vor allem Agaven, Euphorbien- und Mastixsträucher, die sich auf dem steilen und felsigen Terrain der Cinque Terre behaupten können. Im Hintergrund Corniglia – eines der fünf Dörfer an der Felsenküste zwischen Genua und La Spezia.

19. August

Cinque Terre, in der Nähe des Dorfes Riomaggiore: faszinierend strukturiertes und schön geschichtetes Gestein – Zeugnis der geologischen Kräfte, welche die Erde verändert haben.

20. August

La via dell'Amore – der Weg der Liebe zwischen den Dörfern Riomaggiore und Manarola, den Felsen entlang am Ligurischen Meer. Der mit Natursteinen gemauerte Tunnel schützt die Wanderer an dieser Stelle vor Steinschlag.

21. August

Licht- und Schattenspiel im Tunnel auf der via dell'Amore. Die im Laufe der Zeit entstandenen Graffiti lesen sich wie eine Chronik der zahlreichen Wanderer, Spaziergänger und einheimischen Jugendlichen.

22. August

Mantua in der Lombardei. Turm des Palazzo della Ragione mit der astronomischen Uhr von Bartolomeo Manfredi aus dem Jahre 1473. Der 1250 an der Piazza delle Erbe erbaute »Palast der Vernunft« – ein imponierendes Gebäude mit Zinnen und Säulengang – war Sitz des Obersten Gerichts.

23. August

Blick von Osten auf die Stadt Mantua, jenseits des Lago Inferiore, einer der drei Seen, welche die Stadt umgeben.

24. August

In dem kleinen Dorf Uscio, im Hinterland der Stadt Recco an der Riviera di Levante östlich von Genua, gibt es den renommierten, auf Kirchenglocken und Uhrwerk spezialisierten, 1824 gegründeten kunsthandwerklichen Betrieb Trebino. Auf dem Bild zu sehen ist das Museum der Firma – mit einer faszinierenden Sammlung antiker Uhren und Uhrwerken.

25. August

Durch das Tor fotografiert: Villa Malaspina in Caniparola in der Provinz Massa-Carrara an der Straße nach Fosdinovo. Die wunderschöne Villa, erbaut 1724 von dem Marchese Gabriele Malaspina, hat eine mit Fresken ausgestattete Loggia sowie zwei symmetrische Treppen, die das erhöhte Erdgeschoss mit dem formalen Buchsbaumgarten verbinden. Villa und Garten sind leider nicht für die Öffentlichkeit zugänglich.

26. August

Die Eisenbahn fährt in Ligurien an der Küste entlang; dem Reisenden bieten sich daher faszinierende Ausblicke in die Landschaft, so wie hier auf das Felsenriff von Pieve Ligure, östlich von Genua.

27. August

Camogli, westlich des Berges von Portofino, ist ein malerisches Fischerdorf mit farbenfrohen Häusern und einer auf Fels erbauten Kirche, der auch den kleinen Hafen begrenzt. Von hier aus verkehren Schiffe nach Punta Chiappa und San Fruttuoso – beides beliebte Ausflugsziele am Fuß des Berges von Portofino.

28. August

Die weinberankte Pergola und der malerische Topfgarten des Künstlers Marcello Guasti im warmen Licht der Abendsonne.

29. August

Eichenholz-Skulpturen aus der Serie Equilibri *im Atelier von Marcello Guasti in Terzano, oberhalb von Bagno a Ripoli in der Nähe von Florenz.*

30. August

Der Brunnen des Pegasus am Eingang zur Villa Lante, Bagnaia. Als Hintergrund des Brunnens dient eine mit einer Balustrade abschließende Mauer, die in gleichmäßigen Abständen mit auf Voluten gesetzten Frauenbüsten geschmückt ist.

31. August

Das unterste Niveau dieser grandiosen Gartenanlage ist als symmetrisches Buchsbaumparterre mit einem quadratischen Wasserbecken und einem zentralen Brunnen gestaltet. Das Becken ist in vier peschiere *(Fischteiche) unterteilt, die jeweils ein steinernes Schiffchen schmückt.*

1. September

Genua, Porto Antico: Neben zahlreichen prachtvollen Segelschiffen liegt hier auch die 63 Meter lange, hochbordige Neptun *vor Anker, eine getreue Nachbildung einer sogenannten Galeone, eines Segelkriegsschiffs der Spanier und Portugiesen aus der Zeit des 16. bis 18. Jahrhunderts. Anlässlich des Roman-Polanski-Films* Piraten *wurde das Schiff im Jahre 1986 gebaut und kann heute besichtigt werden.*

2. September

Ligurien: bergige und steile Küsten, und doch war der Mensch fähig, sich diesen anzupassen und Dörfer zu bauen. Ein faszinierendes Beispiel dafür ist Camogli, östlich von Genua, mit seinen farbenfrohen, bis zu sieben Stockwerken hohen Häusern.

3. September

Die Küche im Haus des amerikanischen Künstlers Joseph Sheppard in der Nähe von Pietrasanta, Toskana, ist mit traditionellen Möbeln aus Nussbaum und handbemalten Kacheln ausgestattet.

4. September

Blick in Joseph Sheppards Atelier mit Ölgemälden aus dem Jahre 1999: Halloween *(links) und* West 4th Street *– Letzteres inspiriert von der gleichnamigen New Yorker U-Bahn-Station. Die weibliche Skulptur und der japanische Ringkämpfer* Sumo *aus Bronze sind ebenfalls von Sheppard und bezeugen das Können des amerikanischen Künstlers auch als Bildhauer.*

5. September

Eindrucksvoll: die Ruine der Abteikirche San Bruzio aus dem 9. bis 12. Jahrhundert in Magliano, im Hinterland von Grosseto.

6. September

Sprudelndes Bad in der warmen Quelle von Saturnia, nördlich von Manciano, Provinz Grosseto, mit ihrem schwefelhaltigem, stets 38° Celsius warmen Wasser. Im Laufe der Jahrtausende hat sich im Gestein eine Vielzahl natürlicher Becken gebildet, in denen man – im Gegensatz zum nahen Thermalbad – zu jeder Jahreszeit gratis baden kann.

7. September

Ein Stück ursprünglicher Straßenpflasterung des antiken Roms: Jeder Stein könnte eine gut 2000-jährige Geschichte erzählen.

8. September

Das Forum Romanum in der Senke zwischen den Hügeln Kapitol und Palatin im Zentrum Roms war in der Antike ein ausgedehntes Quartier mit zahlreichen Tempeln, Gerichts- und Markthallen, in dem sich das religiöse, politische und wirtschaftliche Leben abspielte. Dieses faszinierende archäologische Areal lockt jährlich Scharen von Besuchern an.

9. September

Das Gehöft Casale Pratovecchio in Turrita di Siena – mit hufeisenförmigem Baukörper und Innenhof – war völlig verwahrlost und diente als Schafstall, bis Elisabetta Dorcaratto und Emanuele Nussenblatt das Anwesen erwarben und mithilfe der Architektin Milena Matteini gründlich restaurierten. Entstanden ist ein sogenanntes agriturismo, *eine Pension auf dem Land mit ausgezeichneter Küche. Informationen unter: www.agriturismopratovecchio.it*

10. September

Auf dem Tisch – mit faszinierendem Ausblick in die Landschaft – traditionelle Spezialitäten der toskanischen Küche: pane casareccio *(im Haus gebackenes Brot), Salami,* la caciotta *(Schafskäse), Olivenöl, Rotwein* Chianti classico, *weiße Bohnen, gekocht mit* salsicce *(Hartwürstchen),* le fettuccine *(hausgemachte Pasta),* fave *(grüne Bohnen), die roh gut zu Salami oder Schafskäse schmecken – und als Nachtisch* la crostata di frutta *(Mürbeteigobstkuchen).*

11. September

Bomarzo, Region Latium. Kampf des Drachens mit drei Raubtieren: einem Hund, einem Löwen und einem Wolf. Der Park der Ungeheuer (Il Parco dei Mostri) bei Viterbo wurde im Auftrag des Fürsten Pier Francesco (»Vicino«) Orsini zwischen 1550 und 1580 angelegt. Im Heiligen Wald (Bosco Sacro) begegnet man den seltsamsten Skulpturen – Fabelwesen, exotischen Tieren und Giganten –, die oftmals aus den gewachsenen Felsen gestaltet wurden. Im Gegensatz zu den akkurat geordneten, symmetrischen Renaissance- und Barockgärten Italiens herrscht in Bomarzo eine verwunschene, surrealistische Stimmung, die jeden Besucher in Spannung versetzt.

12. September

Beim zeitweise gebückten Wandeln durch den schmalen Gang der natürlichen Spalte zwischen den Kalkfelsen muss man beklommen an Dante Alighieris (1265–1321) Hölle (Inferno) aus der Göttlichen Komödie *denken.*

13. September

Vor der Fassade der barocken Villa Barbarigo in Valsanzibio (in der Nähe von Padua) führen einige Stufen hinunter auf einen ausgedehnten, mit grauem Kies ausgelegten Hof, in dessen Zentrum sich ein rundes Wasserbecken mit dem Springbrunnen Fontana del Fungo in der Form eines Pilzes befindet, der die männliche Potenz symbolisieren soll. Die Statuen und geometrisch geformte Buchsbaumhecken treten wie auf einer Bühne eindrucksvoll hervor.

14. September

Der Garten der Villa Barbarigo wurde in der zweiten Hälfte des 17. Jahrhunderts auf rechteckigem Grundriss symmetrisch angelegt. Entlang der Nord-Süd-Achse reihen sich lange Wasserbecken mit unterschiedlichem Niveau aneinander, wie hier der obere Fischteich, dessen Hintergrund drei kleine Grotten bilden, die barocke Steinskulpturen krönen. Die Hauptallee, die Ost-West-Achse, wird durch verschiedene Brunnen belebt und läuft auf die Villa zu. Der Garten, einer der sehenswertesten privaten Anlagen Venetiens, wurde von seinem jetzigen Besitzer Fabio Pizzoni Ardemani vorbildlich restauriert und ist für die Öffentlichkeit gegen Eintritt zugänglich.

15. September

Castello di Montegalda im warmen Licht der Abendsonne. Die mittelalterliche Burg aus dem 12. Jahrhundert wurde von der Familie Scaligeri 1331 ausgebaut und war, da an der Straße zwischen Vicenza und Padua gelegen, bis zur Mitte des 16. Jahrhunderts von strategischer Bedeutung. Danach wurde Montegalda zur repräsentativen Residenz mehrerer Adelsfamilien, die auch die einstigen Befestigungsanlagen schließlich in einen formalen Garten verwandelten.

16. September

Der schöne Innenhof mit Säulengang und zahlreichen schmucken Statuen wurde von der Familie Chiericati zwischen 1455 und 1555 angelegt – zu einer Zeit, in der die militärisch-strategische Anlage bereits zugunsten einer zivilen, repräsentativen Residenz aufgegeben worden war.

17. September

Il Ponte Vecchio in Florenz, die »alte Brücke« über dem Arno, erbaut 1345, fasziniert durch ihre außergewöhnliche Architektur mit balkonartigen Anbauten, in denen heute zahlreiche Juweliergeschäfte untergebracht sind. Die kleinen Fenster in Dachnähe gehören zum oberen Durchgang, dem sogenannten Corridoio Vasariano *aus dem Jahre 1565, der den Palazzo Vecchio mit dem Palazzo Pitti verbindet. Giorgio Vasari (1511–1574) erbaute den Korridor in nur fünf Monaten anlässlich der Heirat Francesco de Medicis, des späteren Großherzogs der Toskana und Sohn von Cosimo I. de Medici, mit Johanna von Österreich.*

18. September

Blick auf Florenz von der Piazzale Michelangelo. Links der Turm des Palazzo della Signoria, rechts der Dom mit seiner großartigen, im Jahre 1436 von Filippo Brunnelleschi (1377–1446) fertig gestellten Kuppel, daneben der Campanile Giottos (1267–1337) sowie das ebenfalls zum Domkomplex gehörende Baptisterium. Der schlanke Glockenturm der Kirche Badia Fiorentina ist ebenso zu sehen wie – teilweise im Vordergrund rechts, direkt am Arno – das 1935 erbaute Gebäude der Biblioteca Nazionale Centrale – die größte Bibliothek Italiens. Aufgrund einer bis heute geltenden Bauordnung, die für Neubauten ein Limit von fünf Stockwerken vorschreibt, ist das Stadtbild von Florenz auch heute durch seine alles überragenden Kirchtürme geprägt.

19. September

Der Bau der Villa Cetinale in Sovicille, Siena, wurde zwischen 1676 und 1678 von der adligen Bankiersfamilie Chigi nach dem Entwurf von Carlo Fontana (1638–1714) in Auftrag gegeben, zu Ehren ihres Familienmitglieds Fabio Chigi, der als Papst Alexander VII. von 1655 bis 1667 das höchste Kirchenamt bekleidete. Auf dem Bild ist die rückwärtige Fassade der Villa zu sehen, über der Scheinloggia sind die Wappen der Familie angebracht. Auf dem Wappen über dem mittleren Fenster erkennt man das päpstliche Symbol, die Tiara (Papstkrone) sowie zwei sich kreuzende Schlüssel als Symbol des Petrus. Im Garten mit seinen zahlreichen Skulpturen schmücken Zitronenbäumchen in Terrakottatöpfen die mit Buchsbaum gerahmten geometrischen Beete.

20. September

Harmonisch eingebettet in die sienesische Landschaft – so liegt die Villa Cetinale inmitten von Zypressen und umgeben von einem Eichenwald und Olivenhainen, als ob die Zeit hier still gestanden wäre.

21. September

Von Perugia aus ist ein schönes Ausflugsziel der Trasimeno-See mit der Insel Polvese. Die malerische Ruine des Monastero di San Secondo (10. bis 14. Jahrhundert) befindet sich auf einer kleinen Anhöhe der Insel.

22. September

Der Lago Trasimeno im goldenen Schimmer der Abenddämmerung, hinter der dunklen Silhouette von Bäumen auf der Insel Polvese.

23. September

Die Küche des genuesischen Bildhauers Giorgio Bafico schmücken Geräte aus der Schreinerei und dem Garten, ergänzt um eine Sammlung von Spiegeln, Rahmen und kleinen Souvenirs vergangener Zeit. Die drei verschlossenen Gläser im Regal oberhalb des Tisches enthalten fein duftendes Sägemehl von Wacholder, Zypresse und Pechkiefer. Wenn ein Deckel geöffnet wird, kann jeder in dieser ungewöhnlichen Küche eine »Nase voll Duft« einnehmen.

24. September

Vom geräumigen Wohnzimmer einer mitten im historischen Zentrum von Genua gelegenen Wohnung gelangt man durch einen reich verzierten Bogen, der von vier gusseisernen Säulen getragen wird, ins Studio des Künstlers Giorgio Bafico. Eine Leiter führt von dort hinauf zum Bett auf einem geschickt einmontierten Boden. Unten zwischen den Säulen lebt und arbeitet der Künstler, oben schläft und träumt er unter einer neoklassizistischen Kuppel.

25. September

Die romanische Pfarrkirche Santa Maria im Ort Ponte der Gemeinde Cerreto di Spoleto, Umbrien, besticht durch ihren harmonisch dimensionierten und schön gestaffelten Baukörper. Unter der Rosette der Hauptfassade ist das Jahr 1201 eingeritzt. Die Kirche liegt im kaum besiedelten Tal Valnerina zwischen Cascia, Norcia und Terni (siehe auch 29. und 30. Oktober).

26. September

Spiel der Farben und Formen: Der mit Zinnen bekrönte Glockenturm und die rückwärtige Fassade des Doms San Martino im romanischen Stil des 11. bis 13. Jahrhunderts überragen die Dächer der toskanischen Stadt Lucca.

27. September

Palazzo Reale in der Via Balbi, Genua. Die reich gestaltete Hauptfassade aus dem 17. Jahrhundert mit dem ligurischen Rotbraun im Kontrast zu den elfenbeinfarbenen Lisenen und Pilastern sowie dem Weiß der Fenster mit Rundbogen und kleinen Balustraden ist zum Meer hingewendet.

28. September

Faszinierende Perspektive: Von außergewöhnlicher Schönheit und Pracht ist die Galleria degli Specchi, *der Spiegelsaal des Palazzo Reale aus dem 18. Jahrhundert, mit seinen zahlreichen Statuen und Kronleuchtern. Das Deckengewölbe wurde von Domenico Parodi (1668–1740) mit Fresken ausgestattet, die Szenen aus der Mythologie darstellen.*

29. September

Wie ein Tisch für Giganten – so wirkt der Dolmen von Sa Coveccada in der kargen Landschaft Sardiniens, in der Nähe von Mores, Provinz Sassari. Ein Dolmen (keltisch: Steintisch) bezeichnet eine megalithische Grabkammer mit Wänden aus vertikalen Steinblöcken und einer Decke aus einer oder mehreren horizontalen Platten beziehungsweise Blöcken.

30. September

Nuraghe Maiori, in der Nähe der Stadt Tempio Pausania auf Sardinien. Massige Steinblöcke bilden die Mauer des Korridors, der in einen kleinen Innenhof führt. Rechts und links des Gangs führen Öffnungen zu je einer Grabkammer. In Sardinien gibt es zahlreiche sogenannte Nuraghen, also kegelförmige Steinbauten der ausgehenden Jungstein- und Bronzezeit mit Grabgewölben, die damals auch als Zufluchtsstätten dienten.

1. Oktober

Einzigartiges Ambiente: das Wohnzimmer des genuesischen Künstlers Piergiorgio Colombara mit Sesseln aus dem 19. Jahrhundert und dem mit Fresken dekorierten Deckengewölbe des 16. Jahrhunderts. An den Wänden hängen einige Bilder des Künstlers. Die Wohnung befindet sich im historischen Zentrum Genuas.

2. Oktober

Perspektive: Blick in die verschiedenen Räume der Wohnung, mit ihren blaufarbenen Wänden im Eingangsbereich und den weiß gestrichenen Türrahmen. Piergiorgio Colombara hat sich als Künstler viele Jahre sowohl der Malerei als auch der Bildhauerkunst gewidmet. Heute arbeitet Colombara ausschließlich mit den Materialien Bronze und Glas, wenn er eine Skulptur kreiert.

3. Oktober

Dieses landwirtschaftliche Gebäude auf dem Gelände des toskanischen Gutes Fattoria di Celle in der Nähe von Pistoia wählte der Künstler Robert Morris für sein Werk I Caduti e i Salvati *(Die Gefallenen und die Geretteten). Für die Sammlung Gori wurde die Installation im Jahre 2000 eingeweiht. Der renommierte Kunstsammler Giuliano Gori lässt den Künstlern bei der Platzierung ihrer Werke im Park oder in den historischen Gebäuden des Gutes freie Wahl, alleinige Bedingung ist es jedoch, sich mit dem* Genius loci, *dem »Geist des Ortes«, auseinanderzusetzen.*

4. Oktober

Fast dieselben Farben, jedoch verschiedene Materialien: Der Verputz der Mauer und zwei Vasen aus Fiberglas, die sich vom dunklen Hintergrund kontrastvoll abheben.

5. Oktober

Monsummano Terme, Pistoia.
Das akkurat mit Steinen gemauerte Gebäude mit einem Giebel aus Ziegelsteinen ist der älteste Trakt des Hotels Grotta Giusti, das mit einem Thermalbad aus dem Jahre 1849 ausgestattet ist. Die Bäder befinden sich in einer großen Grotte, die – je mehr man in das Innere gelangt – immer wärmer wird. Die einzelnen Stationen auf diesem Gang durch die Grotte heißen Paradiso *(Paradies),* Purgatorio *(Fegefeuer) und* Inferno *(Hölle). Und tatsächlich könnte das Bild des aufsteigenden Dampfs und der durch die neblige Atmosphäre wandelnden Menschen in weißen Bademänteln aus Dante Alighieris* Göttlicher Komödie *stammen.*

6. Oktober

Die stimmungsvolle Bar des toskanischen Hotels Grotta Giusti mit einem reich verzierten, golden schimmernden Spiegel, der ein bisschen Außenwelt einfängt.

7. Oktober

Die Fassade des Palazzo Interiano Pallavicino an der Piazza Fontane Marose in Genua mit Balkonen und Brüstungen aus Marmor sowie Fresken, die eine sogenannte Scheinarchitektur darstellen. Der Palast wird heute immer noch von der gleichen Familie wie zur Zeit der Renaissance bewohnt; Hausherr ist jetzt Fürst Domenico Pallavicino.

8. Oktober

Bei der behutsamen Restaurierung des Palazzo Lasagna an der Piazza Scuole Pie in Genua im Jahre 2003 durch die Architektin Milena Matteini kamen die dekorativen Fresken aus dem 16. Jahrhundert wieder zum Vorschein. Römische Säulen aus Granit mit Marmorkapitell tragen die Loggia (rechts im Vordergrund). Im Jahre 1726 wurde mit nur wenigen Metern Abstand zur Fassade des Palazzo eine Kirche gebaut, die etwa die Hälfte des Gebäudetrakts verdunkelt. Die Kirche wurde im Zweiten Weltkrieg durch Bomben stark beschädigt.

9. Oktober

Villa Litta in Lainate, nördlich von Mailand. Blick auf die rückwärtige, elegante Fassade des Nymphäums, erbaut im letzten Drittel des 16. Jahrhunderts. Seitlich des mittleren Baukörpers mit dem Namen Atrio dei quattro venti *(Atrium der vier Winde) erstrecken sich zwei lang gestreckte, symmetrische Flügel. Im Inneren wird man von der reichen Dekoration überrascht.*

10. Oktober

Die vordere Fassade des Nymphäums mit dekorativem Mosaikboden aus weißen und schwarzen Flusskieseln sowie scherzi d'acqua*: aus dem reich verzierten, gekieselten Boden oder von der Decke plötzlich hervorspritzendes Wasser. Im dunklen Hintergrund des Rundbogens liegt das geheimnisvolle Atrium der vier Winde mit seinen Marmorskulpturen und Wasserspielen.*

11. Oktober

Vor allem im ligurischen Hinterland haben die Häuser und Villen oftmals kleine Räume. An der Decke in der Küche der Villa Regina in der Nähe von Genua blieb das ursprüngliche Holzgebälk erhalten. Eine schöne Hängeleuchte aus dem 19. Jahrhundert erzeugt ein warmes Licht. An den Wänden befinden sich Original-Kacheln aus dem 17. Jahrhundert.

12. Oktober

Die Decke des Studios in der Villa Regina weist einen umlaufenden, akkurat (mithilfe von Schablonen) bemalten Fries auf, ebenso kleine Fenster und einen Boden aus einfachen Terrakottaplatten – typisch für eine residenza di campagna, *einen Wohnsitz auf dem Lande.*

13. Oktober

Die sich im kleinen Teich spiegelnde Villa Emo Capodilista in Monselice, Venetien, zeichnet sich durch ihre klare, wohlproportionierte Architektur im Stil der Villen Andrea Palladios aus. 1588 von dem Architekten Vincenzo Scamozzi (1548–1616) entworfen, schwingt sie nach rechts und links in girlandenartig gestalteten Mauern aus.

14. Oktober

Blick auf den lang gestreckten Seerosenteich der Villa. Gelbblühender Herbstkrokus und Schwertlilien beleben das Ufer. Im Hintergrund das Eingangstor zum formalen Garten und eine Pappelallee, die einen der zahlreichen Kanäle säumt, die typisch für die flache, fruchtbare Landschaft Venetiens sind. Der Garten mit seinem gepflegten Buchsbaumparterre, dem Buchentunnel, zwei rechteckigen Seerosenteichen, zahlreichen Rosenbeeten und den Euganeischen Bergen im Hintergrund lohnt immer einen Besuch.

15. Oktober

Blick vom steingefassten, rechteckigen Seerosenbecken auf die schöne Backsteinarchitektur einer lombardischen Villa in Arena Po, in der Nähe von Pavia. Das Patrizierhaus, das die Grafen Bandelli von Pavia Mitte des 18. Jahrhunderts erbaut hatten, kam durch die Heirat des napoleonischen Offizieres Cesare Beretta mit einer Bandelli Anfang 1800 endgültig in den Besitz der Familie. Heute wird es bewohnt von Laura Beretta und dem Kunsthistoriker Guido Giubbini, der den kleinen formalen Garten mit buchsbaumgerahmten Beeten für Stauden und einer konisch geschnittenen Eibe im Zentrum anlegte und mit Liebe pflegt. Zwei rechtwinklig zueinander angeordnete Wasserbecken am Rand beleben das klar gestaltete Gärtchen.

16. Oktober

In Laura Berettas geräumiger Küche herrscht ein gemütliches Ambiente. Am Kamin befinden sich links und rechts eine kleine Bank. Auf dem Sims einige Zinnteller, ein Kürbis sowie eine Balsaholzente aus Thailand, darüber ein würzig riechender Kranz mit Knoblauch, Zwiebeln und Lorbeerblättern. Bei einem Glas des örtlichen Rotweins Bonarda und einem Stück pecorino *(Schafskäse) und Salami lässt es sich hier genießen.*

17. Oktober

Teatro all'Antica in Sabbioneta, in der Nähe von Mantua. Das Theater wurde von Vincenzo Scamozzi (1548–1616) entworfen und in den Jahren 1588 bis 1590 für den Herzog Vespasiano Gonzaga Colonna (1531–1591) erbaut. Das Fresko links stellt den Kapitolsplatz in Rom dar.

18. Oktober

Blick von der Bühne auf die in vier Stufen verlaufenden Holzbänken für die Zuschauer. Über diesem Halbkreis baut sich eine Loggia mit korinthischen Holzsäulen auf. Die geschwungene architektonische Struktur wird gekrönt von Statuen, welche die zwölf olympischen Götter darstellen. Im Vordergrund sind die Fresken mit der Darstellung der römischen Engelsburg (links) und des Kapitolsplatzes (rechts) zu sehen.

19. Oktober

Architektonisch geordnete Strukturen eines Labyrinths mit grünen Wänden aus Buchsbaum, im Kontrast zu den daran angrenzenden natürlich freiwachsenden Bäumen und Sträuchern des Waldes. Auf drei Seiten umgibt der Wald das Labyrinth der Villa Barbarigo in Valsanzibio.

20. Oktober

Scherzi d'acqua – *Wasser, das plötzlich aus dem Boden in feinem Strahl hervorspritzt, ist ein immer wiederkehrendes Thema im Barockgarten der Villa Barbarigo, die – unten im Tal San Eusebio gelegen – reichlich von den Euganeischen Bergen mit Wasser versorgt wird.*

21. Oktober

Venedig ist eine außergewöhnliche Stadt: Die Kanäle sind die Wege und Straßen, Boote und Gondeln dienen der Fortbewegung und dem Transport, die zahlreichen kleinen Brücken den Fußgängern zum Überqueren.

22. Oktober

Venedig. Als berühmteste byzantinische Architektur Italiens lockt die mächtige Basilika von San Marco mit ihrem architektonischen Reichtum Massen von Touristen aus aller Welt an. In der Basilika befinden sich die Reliquien des Evangelisten Markus, die venezianische Kaufleute im Jahre 828 durch eine List aus dem ägyptischen Alexandrien nach Venedig brachten. Die aus Kupfer gefertigte Quadriga an der Hauptfassade (Kopien, Originale im Museum Marciano) befand sich ursprünglich am Triumphbogen des Nero in Rom, bevor sie von Kaiser Konstantin auf die Pferderennbahn in Konstantinopel gebracht wurde, um schließlich als Beute des vierten Kreuzzugs (1202–1204) unter Leitung des venezianischen Dogen Dandolo in die Lagunenstadt gebracht zu werden.

23. Oktober

La Scarzuola in Montegiove, Umbrien. Wenn die ersten Sonnenstrahlen am Morgen den Nebel zerteilen, wirken die Säulen der Zypressen und die Dächer dieser »idealen Stadt« von Tomaso Buzzi wie aus einem Traum. Rechts leuchtet golden die Krone auf dem oktogonalen Tempel der Flora und Pomona, der Göttinnen des Getreides und der Baumfrüchte.

24. Oktober

Abendsonne über La Scarzuola. Den ursprünglichen Kern bildet ein Kloster aus Stein, das laut Überlieferung 1218 vom heiligen Franziskus von Assisi (1181–1226) gegründet wurde. Der Weg unter der Pergola führt direkt zum Kloster hin.

25. Oktober

Blauer Himmel, tiefblauer See: Lago del Coghinas bei Oschiri im Norden der Insel Sardinien.

26. Oktober

Blick von der nordöstlichen Küste Sardiniens mit ihrer dichten, immergrünen Vegetation hin zur felsigen, kleinen, 500 Meter hohen Insel Tavolara (rechts im Bild).

27. Oktober

Makellose Landschaft im Nordosten Sardiniens – ideal zum Fotografieren und Malen. Im Vordergrund eine Trockenmauer inmitten von Sträuchern, dann einzeln stehende Bäume und die charakteristische Bergspitze der Insel Tavolara im Hintergrund. Aufgenommen wurde das Foto ein paar Kilometer südöstlich von Olbia an der küstennahen Straße S 125.

28. Oktober

An der Passstraße S 125 zwischen Dorgali und Baunei im Osten Sardiniens: archaisch anmutende Lichtung mit einer malerischen Gruppe alter Erdbeerbäume sowie weidender Schafe und Schweine im Hintergrund. Der Erdbeerbaum (Arbutus unedo) *mit seinen weißen bis rötlichfarbenen Blütenglöckchen und später walderdbeerähnlichen, kleinen Früchten gehört zur Gattung der Heidekrautgewächse und bildet zusammen mit der Baumheide, den immergrünen Eichen, der Mastixpistazie, Zistrose und dem Zypressenwacholder eine immergrüne Pflanzengesellschaft: die für das Mittelmeergebiet typische Macchie. Durch zusätzliche Schlinggewächse wie die Stachelige Stechwinde* (Smilax) *wird sie stellenweise undurchdringlich.*

29. Oktober

Die Abtei Sant' Eutizio in Piedivalle di Preci im umbrischen Tal Valnerina (siehe auch 25. September), beschützt und überragt vom nahen Fels, wurde im 5. Jahrhundert von syrischen Mönchen gegründet und zwischen 1190 und 1226 im romanischen Baustil erbaut. Das Portal am Berg führt zu den Grotten, die einst von Einsiedlern bewohnt waren.

30. Oktober

Im Gegensatz zum felsigen Standort des Klosters vom Vortag (29.10.) liegt die Abtei San Pietro in Valle in Macenano di Ferentillo (Tal Valnerina) in einer Gegend mit Wiesen, Obstbäumen, Olivenhainen und Zypressen. Gegründet im Jahre 720 vom langobardischen Herzog von Spoleto Faroaldo II. wurde sie zwischen 996 und 1016 unter Otto III. von Sachsen und Heinrich II. von Bayern erweitert. In der romanischen Kirche, deren Erhaltungszustand sehr gut ist, kann man den bedeutendsten umbrischen Freskenzyklus des 12. Jahrhunderts bewundern. In den übrigen Gebäuden befinden sich heute ein Hotel und ein Restaurant.

31. Oktober

Kirche San Pietro in Fontanegli, im Hinterland von Genua. Die Freske in der großen Lünette der Fassade stellt die von Engeln gekrönte Madonna mit dem Jesuskind dar, die dem katholischen Glauben gemäß auch als himmlische Jungfrau verehrt wird. Unter dem Giebel ist das Jahr 1702 in römischen Ziffern angegeben.

1. November

Die Fenster als Lichtquellen wurden beim Bau der Kirche von Fontanegli wohl überlegt platziert, um die golden barocke Pracht der Apsis, der Fresken und des Marmors hervorzuheben.

2. November

Pieve, östlich von Genua.
Unter den grauen Regenwolken
hat auch die meist heitere ligurische
Küste eine düstere Stimmung.

3. November

Die Möwen fliegen tief, und die Wellen branden mit Kraft an die Klippen von Priaruggia, Genua.

4. November

Hin und wieder öffnen sich die dunklen Wolken, wie hier über dem kleinen apenninischen Dorf Pentema, das für ein paar Augenblicke in warmes Sonnenlicht getaucht ist.

5. November

Goldener Herbst mit Eichenlaub in den Furchen zwischen den Steinen einer antiken römischen Straße in der Region Latium (Alto Lazio).

6. November

Die Glocke im Turm von Gonzaga, in der Nähe von Mantua, aus dem 15. Jahrhundert zeigt jede Stunde des Lebens der Dorfbewohner an.

7. November

Fast jedes Dorf hat sein historisches Zentrum, und nach Jahren der Vernachlässigung versucht man heute die Andenken an längst vergangene Zeiten zu erhalten und zu restaurieren. Der Backsteinturm aus dem 15. Jahrhundert in Gonzaga war einmal ein Gefängnis, in dem die Feinde einsaßen; heute beherbergt er ein Museum. Zusammen mit dem Glockenturm vom Vortag sind dies die verbliebenen Reste einer Burg aus vergangenen Zeiten.

8. November

In der toskanischen Stadt Livorno gibt es einen kleinen englischen Friedhof aus dem 18. Jahrhundert, der außerhalb der Mauern der Mediceer liegt. Für lange Zeit der einzige protestantische Friedhof Italiens wurde er bis zum Jahr 1839 genutzt. Die hohen Grabsteine aus kunstvoll bearbeitem Marmor stehen auf den ältesten Gräbern.

9. November

Im englischen Friedhof von Livorno stehen die Grabsteine im Schatten der Bäume dicht beieinander – ein Bild, das der französische Dichter Paul Valery (1871–1945) mit dem Atelier eines Bildhauers verglichen hat.

10. November

In warmen herbstlichen Farben zeigen sich die Blätter der Weinstöcke noch Wochen nach der Traubenernte an einem Hang hinter der Villa Schella in Ovada mit dem etwa hundertjährigen Türmchen im Hintergrund. Aus der Umgebung der alten piemontesischen Stadt Ovada südlich von Alessandria stammt übrigens ein sehr guter Rotwein, der Dolcetto di Ovada, den man unbedingt probieren muss.

11. November

Die Fassade der rund 150 Jahre alten Villa Schella in Ovada präsentiert sich mit schönen Jugendstilornamenten in Sgraffitotechnik, ausgeführt Anfang des 20. Jahrhunderts, zu einer Zeit, als auch das Türmchen in der Art toskanischer Villen erbaut wurde. Auf dem drei Hektar großen Gelände mit einem schönen Park gibt es außer der Hauptvilla noch einige gut hundertjährige landwirtschaftliche Nebengebäude, die von der Besitzerin Maria Zagnoli kürzlich restauriert wurden. In den behaglichen Räumen wird den Gästen bed and breakfast *angeboten. Informationen unter www.villaschella.com.*

12. November

Das Procacci *in der Via de Tornabuoni 64 ist eines der ältesten Delikatessengeschäfte in Florenz, berühmt ist es vor allem für seine köstlichen* panini tartufati *(Trüffelbrötchen), wie es auch schon die goldenen Buchstaben über dem Eingang verheißen. Außerdem gibt es hier erlesene Weine, bestes Olivenöl und nach alten Rezepten hergestellte gastronomische Leckerbissen: eine wahre Wonne!*

13. November

Italien ist nicht so reich an guten Spielplätzen und -parks für Kinder gesegnet. In den Städten gibt es jedoch für die Kleinen Karusselle mit Musik, Pferden und Kutschen, wie hier in der toskanischen Stadt Lucca auf einem Platz unter Platanen.

14. November

Dunst hat sich über Berge und Täler ausgebreitet. Gegen das stimmungsvolle Abendlicht im Hintergrund heben sich die grafischen Strukturen des Geästes kontrastvoll ab. Vom genuesischen Monte Fasce aus nach Westen fotografiert. Aus der Fotokunstserie des Autors mit dem Titel Hommage an Caspar David Friedrich.

15. November

Stimmungsvoll: Dunkelblonde, zähe Gräser auf dem Berg Monte Moro oberhalb von Genua und ein Hauch Lila über dem Meer in der Abenddämmerung. Die Berge über Genua sind anstelle von Bäumen, die leider immer wieder durch Brände zerstört worden sind, mit einem »gräsernen Kleid« überzogen. In der Ferne das Meer, auf dem die Genuesen mit ihren Schiffen seit Jahrhunderten in alle Welt fahren, dazwischen liegt die Stadtlandschaft, die wenig Grünflächen aufweist.

16. November

Rot-gelbe Flammen züngeln im Kamin, und das Licht einer Stehleuchte wirft seine Muster auf den mittleren und unteren Bereich einer moosgrünen Wand. Das sparsam eingesetzte Licht streift zwei Basreliefs aus Gips, Kopien von Klassikern, die Studenten einer Kunstakademie angefertigt haben. Fotografiert in Laura Berettas und Guido Giubbinis Bibliothek ihrer ländlichen Villa in Arena Po, Pavia, die am 15. und 16. Oktober vorgestellt wurde.

17. November

Ein Billardtisch, der von den traditionellen Pendelleuchten aus grünem Glas beleuchtet wird. Er steht im Haus der Architekten Claudio und Marcella Andreani in Bogliasco, einem Vorort von Genua. Der Boden ist mit Bruchstücken von Kacheln mosaikartig gestaltet. Im Hintergrund an der Wand die Bilder des 2007 verstorbenen genuesischen Künstlers Emanuele »Lele« Luzzati (1921–2007).

18. November

Ein von der Natur geschaffenes Relief aus Kalkgestein unter dem tiefblauen, mit zarten Wolkenschleiern überzogenen Himmel im westlichen Sardinien zwischen Ozieri und Mores. Ganz in der Nähe kann man auch die römische Brücke Pont' Ezzu bewundern.

19. November

Blick auf eine Straße in der Nähe der östlichen Küste Sardiniens bei Siniscola mit einem riesigen Feigenkaktus (Opuntia ficus-indica) *im Vordergrund.*

20. November

Die benediktinische Abtei in Pomposa im Podelta, erbaut im 11. Jahrhundert, liegt an der antiken Via Romea, einer Pilgerstraße nach Rom. Der Kirchenvorbau ist im romanischen Stil und mit für die Gegend von Ferrara typischen hellen Backsteinen erbaut. Die drei Rundbogen der Fassade sind mit Elementen aus Marmor und Terrakotta dekoriert. Die beiden Kreise rechts und links davon stellen den Baum des Lebens dar.

21. November

Die alte, imposante Backsteinfestung von Livorno wird immer wieder durch Streifen aus hellen Steinen durchbrochen. Erbaut zwischen 1519 und 1536 nach dem Plan von Antonio da Sangallo dem Älteren (1455–1534) liegt sie innerhalb des Hafens der Mediceer und umgibt links im Bild einen Turm aus dem 10. bis 11. Jahrhundert, der mastio di Matilde *(Matildes wichtigster Turm) genannt wird. Fotografiert am frühen Morgen im Hafen von Livorno auf dem Fährschiff nach Sardinien.*

22. November

Ein Kanal im historischen Zentrum von Comacchio, Provinz Ferrara, mit kleinen Häusern, die sich im nahezu unbeweglichen Wasser spiegeln. Nah am Park des Podeltas gelegen, ist Comacchio Ausgangspunkt für verschiedene Exkursionen in die Lagunenlandschaft, wo früher Salz gewonnen wurde und heute Aale und andere Fische in Brackwasserteichen gezogen werden. Die Salinen von Cervia sind die einzigen noch aktiven Anlagen im Podelta.

23. November

Abendstimmung am Kanal in der kleinen toskanischen Stadt Lucca – mit Spiegelungen von Himmel und Häusern im Wasser.

24. November

An der Passstraße von La Spezia nach Parma, die über den Cerreto-Pass führt, steht dieses alte Haus, unter dessen Fenstern die dekorativen Maiskolben zum Trocknen an Kordeln hängen.

25. November

Lucca liegt innerhalb der ehemaligen Festungsmauern aus dem 16. Jahrhundert, die im 19. Jahrhundert in eine Allee umfunktioniert wurden. Man kann auf der teils von Platanen gesäumten, erhöhten Promenade diese schöne mittelalterliche Stadt gemütlich umwandern und den Blick auf die Stadt schweifen lassen.

26. November

Das Dorf Pentema, nordöstlich von Genua, scheint im Spätherbst und Winter fast wie ausgestorben. Doch zur nun nicht mehr fernen Weihnachtszeit erwacht das Leben mit »Bewohnern« aus vergangenen Zeiten: Auf dem Bild sind Puppen in traditionellen Kleidern zu sehen, lediglich der Hahn im Gegenlicht ist echt. Um Besucher anzulocken, kam der örtliche Verein auf die Idee, nach dem Vorbild alter Fotografien verschiedene Dorfszenen nachzustellen.

27. November

Das apenninische Dorf Pentema mit seinen roten Dächern und der Kirche wirkt im Seitenlicht und von oben gesehen wie Liliput aus Jonathan Swifts Gullivers Reisen.

28. November

La Corricella an der südwestlichen Seite der vulkanischen Insel Procida im Westen des Golfs von Neapel ist ein Ort am Meer, der mit seinen ineinander verschachtelten Häusern in arabischer Bauweise fasziniert. Die Häuser wurden von den Fischern der Insel seit dem 16. Jahrhundert gebaut – zu einer Zeit, als die Überfälle von Piraten bereits nachließen und die Bewohner nicht mehr gezwungen waren, hinter den Mauern des ursprünglichen Dorfs auf dem Hügel Schutz zu suchen.

29. November

Das Dorf Castelvecchio di Rocca Barbena mit der gleichnamigen Burg auf den Höhen des westlichen Liguriens, oberhalb von Albenga und Zuccarello. Die romantisch-pittoreske Burg wurde im 11. Jahrhundert von der Familie Clavesano auf Felsen erbaut und wird nun von einem engagierten Paar, das diese kühne, defensive Architektur erworben hat, sorgfältig restauriert.

30. November

Blick durch die auf marmornen Säulen ruhenden Arkaden der Vorhalle auf eine riesige Zypresse im Morgenlicht. In dieser kleinen mittelalterlichen Kirche werden häufig exklusive Hochzeiten gefeiert. Das schöne, alte Landgut San Liberato der Familie Sanminiatelli liegt nahe am See von Bracciano, Latium.

1. Dezember

Im Innern der einschiffigen romanischen Kirche San Liberato herrscht eine stille, besinnliche Atmosphäre in gedämpftem Licht. Einige Stufen führen rechts und links zum erhöhten Altar, unter dem sich eine Krypta befindet. Die Kirche aus dem Jahr 1000 hat den ältesten Glockenturm in der Region Latium.

2. Dezember

Vom Wasser schön geformtes und geschliffenes Gestein am Bachbett des Torrente Neva entlang des 1248 gegründeten mittelalterlichen Dorfes Zuccarello, das auf den Höhen oberhalb von Albenga im westlichen Ligurien liegt.

3. Dezember

Verwitterndes Holz in den Farben eines Feuers auf dem Berg von Portofino.

4. Dezember

Blick ins Atelier des renommierten genuesischen Bildhauers Piergiorgio Colombara im historischen Zentrum Genuas. Das Werk rechts im Bild (aus Kupfer, Seil und Wachs) mit dem Titel EO *aus dem Jahre 1993 wurde während der XLV. Biennale in Venedig ausgestellt und erinnert an das Segel eines antiken Bootes. In der dreieckigen Nische unten erkennt man eine weiße Flamme aus Wachs, die in Verbindung mit einem Musikinstrument steht. Die Werke links aus den Jahren 1995/2000 (aus Messing, Eisen und geblasenem Glas) haben den im Italienischen doppelsinnigen Titel* Bugie, *was sowohl »Lügen« als auch »Leuchter« bedeutet. Colombaras Kunstwerke sind metaphysisch – erfüllt von einer Polarität, in der eins das andere bedingt.*

5. Dezember

Geheimnisvoll: Bett mit Puppen unter einem mittelalterlichen Kreuzgewölbe mit Fresken aus der Renaissance in Rita und Piergiorgio Colombaras außergewöhnlicher Wohnung.

6. Dezember

Blick auf die helle Marmorfassade der Kathedrale in Ferrara, dunkel eingerahmt durch den sogenannten Volto del Cavallo *(Bogen des Pferdes) im Vordergrund. Die Bischofskirche, erbaut zwischen dem 12. und 14. Jahrhundert in romanischer und gotischer Formensprache, ist das wichtigste mittelalterliche Monument der Stadt. Das reich verzierte Hauptportal mit seinem Gewände und dem Rundbogen, den zwei vorspringende Säulen tragen, ist Teil des architektonischen Vorbaus (Protyron), welcher sich nach oben hin fortsetzt, wo er mit Basreliefs reich geschmückt ist. Den Reiz der gesamten Fassade erhöhen auch die Loggien, welche die Mauer optisch in »Bewegung setzen« und dabei sehr plastisch wirken.*

7. Dezember

Das Hauptportal der Kathedrale von Ferrara mit dem Vorbau (Protyron), an dem die vorspringenden Säulen rechts und links vom Eingang von marmornen Kriegern aus dem 12. Jahrhundert getragen werden, die wiederum auf dem Rücken zweier Löwen ruhen. Ferrara liegt in der emilianischen Ebene in der Nähe des Flusses Po, umgeben von einem ertragsreichen landwirtschaftlichen Gebiet mit einem florierenden Anbau von Qualitätsobst. In der Zeit der Renaissance, vor allem unter der Herrschaft der herzoglichen Familie d'Este, war Ferrara ein bedeutendes Zentrum der Kunst und Kultur.

8. Dezember

Die zwei Löwen im Museum Sant'Agostino in Genua zierten einst das Portal der Kirche San Siro, die aus dem 4. nachchristlichen Jahrhundert stammt. Der Löwe rechts bezwingt den Basilisken, ein mythisches Tier, das als Symbol für die Ketzerei steht; der Löwe links setzt seine Tatzen im Triumph auf ein Mischwesen aus Bock und Aal, Symbol des Bösen, das vom geheiligten Raum fernzuhalten ist. Überraschung: Von rechts gesehen verwandelt sich der Bock in eine menschliche Gestalt – eine unheimliche Metapher für den Anteil des Bösen im Menschen.

9. Dezember

Im faszinierenden architektonischen Rahmen des Museums Sant'Agostino im mittelalterlichen Herzen Genuas verdichtet sich das religiöse Empfinden der Stadt. Die traditionelle Madonnenverehrung der Genuesen wird ausgedrückt durch das barocke Himmelsfahrts-Fresko und die elegante Statue der Jungfrau mit dem Kind. Rechts wird die Szene ergänzt durch die kniende Skulptur der Santa Caterina Fieschi. Das Museum befindet sich in einem alten Augustinerkloster, das im Zweiten Weltkrieg durch Bomben stark beschädigt worden ist. Es wurde zwischen 1977 und 1982 von den Architekten Albini, Helg und Piva umgebaut und ist heute das bedeutendste Museum Liguriens für Skulptur vom frühen Mittelalter bis zur Moderne.

10. Dezember

Im historischen Zentrum von Labro, Latium, ein Dorf aus dem 10. Jahrhundert nördlich von Rom (siehe auch 30. Dezember): Treppen und Mauern im Dorf sind aus örtlichen Steinen in mühsamer Handarbeit gebaut, wobei man bereits existierende Felsen mit viel Geschick und Gespür integrierte.

11. Dezember

Eine Nymphe aus weißem Marmor über einem Wasserbecken in einer mit Kalkschwämmen gebauten Grotte des Nymphäums der Villa Litta, Lainate, Lombardei. Im sogenannten Palazzo dell'acqua aus dem letzten Drittel des 16. Jahrhunderts gibt es verschiedene, reich mit Kieselmosaik verzierte Räume und Innenhöfe, in denen plötzlich und ganz unvermittelt Wasser von der Decke beziehungsweise aus dem Boden hervorspritzt (sogenannte scherzi d'acqua*). Schließlich gelangt man in einen Halbkreis von nischenartigen Grotten mit faszinierenden Nymphen aus Marmor.*

12. Dezember

Außergewöhnliche Spiegelung eines Juwels der Architektur, das Symbol des kleinen Städtchens Comacchio im Gebiet des Podeltas ist: Ponte Pallotta – ein architektonischer Komplex von Brücken, Treppen und Türmen am Ortseingang des historischen Zentrums. Ende der 30er Jahre des 17. Jahrhunderts ließ Kardinal Giovan Battista Pallotta den schönen Backsteinkomplex mit hellem istrianischem Stein überziehen. Hier im Zentrum teilt sich der vom Meer kommende schiffbare Kanal in mehrere kleine Kanäle auf.

13. Dezember

Skulpturenartige, gusseiserne Formen zur Herstellung von Strohflaschen für den geschätzten Rotwein Chianti, fotografiert in der Sammlung der Vetreria Etrusca, Montelupo, in der Nähe von Florenz. Die traditionsreiche Glashütte produziert ein umfangreiches Sortiment an Flaschen jeglicher Art.

14. Dezember

Ein Sonnenstrahl beleuchtet die feinen Spitzen der Kissenüberzüge auf dem Gästebett, das für diejenigen zur Verfügung steht, die den amerikanischen Maler Joseph Sheppard in seinem toskanischen Bauernhaus in der Nähe von Pietrasanta besuchen. Das fein gearbeitete Gestell mit dem Tondo zweier Engel ist nicht aus Eisen, sondern vom Künstler sehr geschickt und täuschend echt auf die Wand gemalt.

15. Dezember

Im oberen Stockwerk liegt das Wohnzimmer des amerikanischen Künstlers, in dem warme, braune Farbtöne vorherrschen, wie zum Beispiel in dem türkischen Teppich, den Korbsesseln und der fein verzierten indischen Türe, die einen Schrank verschließt. Aufgehellt wird dieses Ambiente jedoch durch das weiße Polster des Sofas und die Kissen.

16. Dezember

Verhaltene Stimmung: bemoostes Gestein und Holz an einem Gewässer in den Bergen Liguriens bilden ein einzigartiges Zusammenspiel von Struktur und Textur.

17. Dezember

Eine grau schillernde Phalanx aus Buchenstämmen und gefallenes, goldbraunes Laub auf den Hügeln Liguriens, Italiens waldreichster Provinz.

18. Dezember

Blick von der Brücke Ponte Vecchio in Pavia. Erster Schnee an den Ufern des Tessins (Ticino), eines Ausflusses des Lago Maggiore, der ein paar Kilometer weiter mit dem Po zusammenfließt. Links im Bild einige romantische Hausboote sowie rechts das alte Viertel Borgo-Ticino.

19. Dezember

Im verschneiten Naturpark von Monte Beigua: schöner Blick nach Norden auf die Faiallopassstraße (1061 Meter) und die nun weißen Berge des ligurischen Apennins mit dem pyramidenförmigen Monte Tobbio in der Mitte und der Poebene im Hintergrund.

20. Dezember

Schnee mit Fußspuren aus allen Richtungen im Innenhof des Palazzo per la Sapienza (Palast der Weisheit) in Pavia, in dem das renommierte Borromeische Internat (Collegio Borromeo) untergebracht ist, ein Eliteinternat für Studenten mit hervorragenden Leistungen. Der Bau fasziniert durch seine klare Architektur, die zweistöckigen Arkadengänge sowie den Ausblick in den Garten. Unter dem Kardinal Karl Borromeus wurde er vom Architekten Pellegrino Pellegrini (1527–1596) 1564 begonnen und zirka 15 Jahre später vollendet.

21. Dezember

Blick in den Speisesaal des Borromeischen Internats mit seiner schönen Täfelung und den Bildern, auf denen die Besitztümer der fürstlichen Familie Borromeo dargestellt sind.

22. Dezember

Die barocke Fassade der Kirche Favale di Malvaro in Valle Fontanabuona, Ligurien, wird von zwei riesigen, wohl hundertjährigen Zypressen fast verdeckt.

23. Dezember

Warmes Abendlicht dringt durch die verglasten Lünetten ins Innere der Barockkirche Favale di Malvaro und erhellt die Kristalleuchter sowie die marmorne Kanzel.

24. Dezember

Weihnachten in der Kirche San Pietro von Fontanegli, im Hinterland von Genua: Liebevoll gebastelte Krippe mit Gebirgslandschaft, Grotte, Schafen und sogar einem Schweinchen sowie posaunenden Engeln am Himmel.

25. Dezember

Kunstvolle neapolitanische Krippe aus dem 18. Jahrhundert mit den Heiligen Drei Königen und einer Vielzahl von weiteren Figuren, die die Szene lebhaft und munter machen. Ausgestellt in einer Bank in Genua.

26. Dezember

Goldgrünblättriger, farbenfroh geschmückter »Weihnachtsbaum« vor einem akkurat mit Natursteinen gemauerten Haus im apenninischen Dorf Pentema.

27. Dezember

Ein biblischer Augenblick: vorbeiziehende Schafe vor der Pfarrkirche San Salvatore aus dem Jahre 1491 in Campi, einem Vorort von Norcia, Umbrien.

28. Dezember

Ein lohnender Halt an der Passstraße des Großen Sankt Bernhard mit Blick auf die gezackten Berge, das Geröll und Gestein mit feinen, zurückhaltenden Farbtönen.

29. Dezember

Das steinerne Dach einer Almhütte etwas unterhalb der Passhöhe des Großen Sankt Bernhard ist zum Greifen nahe und korrespondiert in den Farben mit den Berghängen und dem grau bewölkten Himmel.

30. Dezember

Das 1000 Jahre alte Dorf Labro mit dem gleichnamigen Castello wirkt wie eine harmonisch gestaffelte Skulptur in der Gebirgslandschaft der Region Latium. Es liegt auf einem Hügel des Tals Valle del Fuscello und oberhalb des Sees Lago di Piediluco in der Provinz Rieti.

31. Dezember

Silvester! Die Turmspitzen der Barockkirche San Matteo in Laigueglia an der westlichen Riviera Liguriens sind mit einem farbenfrohen, keramischen Mosaik besetzt. Mit Palmen, Glockentürmen und einem blauen Himmel in das neue Jahr!

Dank

Nicht zuletzt möchte ich mich bei den Besitzern der vorgestellten Häuser und Gärten für ihre Kooperation, ihr Vertrauen und dem Einverständnis der Veröffentlichung meiner Bilder bedanken.
Mein Dank geht auch an die Architekten, Landschaftsarchitekten und Künstler, die namentlich in den Bildunterschriften genannt worden sind.
Ebenso danke ich den Gemeindeverwaltungen und Museen für die gute Zusammenarbeit.

Für Anregungen, Erklärungen, Gastfreundschaft und Wertschätzung meiner fotografischen Arbeit geht mein Dank an: Luigi Astengo, Mingo Balbi, Riccardo Bartolozzi, Laura Beretta, Uwe Caesar, Salvatore und Marina Carta, Jean Convent, Andrea und Luisella Croce, Checco Crosa, Maria Pia Cunico, Bob und Christine Danziger, Anne Dietze, Luciano Giacchè, Alberto Gollini, Stefanella Griccioli, Guido Gubbini, Klaus Kundrat, Luana Lastrucci, Massimo und Lilly Matteini, Giulio Mazzetti, Villi Modica, Michael Playford, Franca Poletti, Anna Porcinai, Giorgio Rocca, Maria Grazia Sciacca, Adelmo Taddei, Andrea Tazzini, Ottavia Nobili Vitelleschi, Anne Wéry.

Meiner Frau Milena Matteini danke ich für ihre Anteilnahme, Ideen und Textbeiträge sowie ihre mannigfaltige Unterstützung.

Bei der Deutschen Verlags-Anstalt möchte ich mich bei Roland Thomas, Lektorin Juliane Maria Weinig und Monika Pitterle von der Herstellung für die angenehme und inspirierende Zusammenarbeit bedanken.

Ortsregister

Gonzaga (zwischen Mantua und Modena) / Lombardei *6. November, 7. November*
Großer Sankt Bernhard (nördlich von Turin) / Aostatal *15. Juni, 16. Juni, 28. Dezember, 29. Dezember*

Imperia / Ligurien *9. März, 10. März, 11. März, 12. März*

Labro (zwischen Terni und Rieti) / Latium *10. Dezember, 30. Dezember*
Lago del Coghinas (bei Oschiri) / Sardinien *25. Oktober*
Lago di Bracciano / Latium *30. November, 1. Dezember*
Laigueglia (zwischen Imperia und Albenga) / Ligurien *31. Dezember*
Lainate (bei Mailand) / Lombardei *2. Mai, 3. Mai, 9. Oktober, 10. Oktober, 11. Dezember*
Latium (Orte unbestimmt) *5. November, 7. September*
La Coricella (auf der Insel Procida, Golf von Neapel) / Kampanien *28. November*
Ligurien (Orte unbestimmt) *16. Dezember, 17. Dezember*
Ligurische Riviera (Orte unbestimmt) *15. Februar, 25. Februar*
Livorno / Toskana *8. November, 9. November, 21. November*
Lombardische Alpen (Orte unbestimmt) *5. Januar, 6. Januar*
Lucca / Toskana *21. Februar, 26. September, 13. November, 23. November, 25. November*

Magliano (südlich von Grosseto) / Toskana *5. September*
Manarola (Cinque Terre) / Ligurien *20. Januar, 20. August, 21. August*
Mantua / Lombardei *16. April, 17. April, 22. August, 23. August*
Massa / Toskana *11. Januar, 12. Januar, 13. Januar, 19. Januar*
Massa Marittima (nordwestlich von Grosseto) / Toskana *6. Mai*
Modena / Emilia-Romagna *7. März, 28. Mai, 29. Mai*
Montegalda (zwischen Vicenza und Padua) / Venetien *15. September, 16. September*
Monselice (bei Padua) / Venetien *13. Oktober, 14. Oktober*
Monsummano Terme (südwestlich von Pistoia) / Toskana *5. Oktober, 6. Oktober*
Montecatini Terme (zwischen Lucca und Pistoia) / Toskana *9. Januar, 10. Januar*
Montegiove (nördlich von Orvieto) / Umbrien *22. Februar, 23. Februar, 9. Juli, 10. Juli, 23. Oktober, 24. Oktober*
Montelupo (bei Florenz) / Toskana *13. Dezember*

Portovenere (südlich von La Spezia) / Ligurien *15. Mai*
Potenza Picena (südlich von Ancona) / Marchen *18. Mai, 19. Mai*
Pozzuoli (bei Neapel / Kampanien *27. Juni*
Priaruggia (bei Genua) / Ligurien *3. November*

Racconigi (südlich von Turin) / Piemont *14. April, 15. April*
Riomaggiore (Cinque Terre) / Ligurien *19. August, 20. August, 21. August*
Rom / Latium *1. Januar, 2. Januar, 21. März* und *22. März* (Villa La Landriana), *22. April, 23. April, 8. September*

Sabbioneta (zwischen Parma und Manta) / Lombardei *17. Oktober, 18. Oktober*
Sa Coveccada (südöstlich von Sassari, bei Mores) / Sardinien *29. September*
Santa Margherita (südlich von Rapallo) / Ligurien *17. Juni, 18. Juni*
Sardinien, östliches *19. November*
Saturnia (nördlich von Manciano, bei Grosseto) / Toskana *6. September*
Segrate (bei Mailand) / Lombardei *8. März*
Sestri Levante (zwischen Rapallo und La Spezia) / Ligurien *14. Februar*
Siena / Toskana *3. März, 4. März, 2. April, 3. April, 16. Mai, 17. Mai, 13. Juni, 14. Juni*
Siniscola / Nordöstliches Sardinien *19. November*
Sori (zwischen Genua und Rapallo) / Ligurien *4. April*
Sovicille (südwestlich von Siena) / Toskana *19. März, 20. März, 29. März, 30. März, 19. September, 20. September*

Tagliolo (bei Ovada) / Piemont *12. Juli*
Talamone (bei Grosseto) / Toskana *8. Juli*
Tempio Pausanio / Sardinien *30. September*
Terzano (bei Florenz) / Toskana *31. Juli, 1. August, 28. August, 29. August*
Tivoli / Latium *27. März, 28. März*
Toirano (nordwestlich von Albenga) / Ligurien *4. August*
Trecciano (bei Siena) / Toskana *29. März, 30. März*
Trivero (nordwestlich von Vercelli) / Piemont *7. Mai*
Turrita di Siena (bei Siena) / Toskana *9. September, 10. September*

Uscio (nordöstlich von Rapallo) / Ligurien   *24. August*

Valazzana (südlich von Pontremoli) / Toskana   *23. Juni, 24. Juni, 25. Juni, 26. Juni*
Valle in Macenano di Ferentillo (bei Terni) / Umbrien   *30. Oktober*
Valsanzibio (bei Padua) / Venetien   *13. September, 14. September, 19. Oktober, 20. Oktober*
Varese Ligure (nordöstlich von Sestri Levante) / Ligurien   *5. August*
Varigotti (zwischen Albenga und Savona) / Ligurien   *24. Februar*
Venedig / Venetien   *10. Mai, 11. Mai, 30. Mai, 31. Mai, 1. Juni, 2. Juni, 2. August, 3. August, 21. Oktober, 22. Oktober*
Ventimiglia (westlich von San Remo) / Ligurien   *1. März, 2. März, 26. Mai, 27. Mai*
Verona / Venetien   *28. Januar*
Vignole Borbera (zwischen Genua und Alessandria) / Piemont   *8. Mai, 9. Mai*
Voltaggio (zwischen Genua und Alessandria) / Piemont   *30. Januar*

Zuccarello (nordöstlich von Alberga) / Ligurien   *2. Dezember*

Notizen